Coburg – Kleine Stadtgeschichte

Hubertus Habel

Coburg

Kleine Stadtgeschichte

VERLAG FRIEDRICH PUSTET
REGENSBURG

UMSCHLAGMOTIVE
Vorderseite: Josef Steingrübel: Stadtansicht Coburgs, um 1840. (Foto: Stadtarchiv Coburg). Rückseite: Die Veste Coburg (Fotolia, Val Thoermer)

BIBLIOGRAFISCHE INFORMATION DER DEUTSCHEN NATIONALBIBLIOTHEK
Die Deutsche Nationalbibliothek verzeichnet diese Publikation in der Deutschen Nationalbibliografie; detaillierte bibliografische Angaben sind im Internet über http://dnb.dnb.de abrufbar.

ISBN 978-3-7917-3020-2

Reihen-/Umschlaggestaltung und Layout: Martin Veicht, Regensburg
Satz: Vollnhals Fotosatz, Neustadt a. d. Donau
Druck und Bindung: Friedrich Pustet, Regensburg
Printed in Germany 2019

eISBN 978-3-7917-6146-6 (epub)

Weitere Publikationen aus unserem Programm finden Sie auf www.verlag-pustet.de
Kontakt und Bestellungen unter verlag@pustet.de

Inhalt

Stadt-Findung der Coburger Geschichte

Coburg feierte 2006 den 950. Geburtstag seines Namens. 1056 meinte man jedoch mit der ersten Erwähnung Coburgs die Burganlage hoch über dem sanft ansteigenden Vorland des Thüringer Waldes und dem Tal der nach Süden abfließenden Itz. Zwar gab es seinerzeit bereits auch den Ort am Fuß des Festungsberges. Man nannte ihn jedoch noch ganz anders: Trufalistat – »Stätte des Dörfleins«. Rund hundert Jahre später übertrug man den Namen der Höhenburg Coburg auf den Talort. Nur wenige Jahrzehnte weiterer Entwicklung bedurfte es, bis aus Coburg eine frühe Stadt geworden war.

Die Literatur zur Coburger Geschichte ist in ihrer Reichhaltigkeit und ihrer Vielfalt kaum zu überblicken. Auffällig ist jedoch, dass sich viele der Autoren vorwiegend mit der Geschichte des Herzogshauses Sachsen-Coburg, dessen Schlössern, den weltweiten dynastischen Verwandtschaftsbeziehungen und der herrschaftlichen Kultur befasst haben. Veröffentlichungen zur bürgerlich-urbanen Geschichte und Kultur der *Stadt* Coburg sind demgegenüber vergleichsweise rar.

Die Marktsiedlung Trufalistat zwischen der Itz-Furt an der hochmittelalterlichen Nord-Süd-Fernstraße und der Kirche St. Mauritius sowie der Einfluss der klösterlichen Propstei in der Burg bildeten die Keimzellen des spätmittelalterlichen *burgus* bzw. der *civitas Coburg*. Kann man die Erstnennung der *Burg*-Anlage überlieferungsbedingt nur auf den Sommer des Jahres 1056 eingrenzen, so ist von der Ersterwähnung der *Stadt* Coburg sogar der Tag bekannt: Am 24. Mai 1217 wurden die Pfarrrechte im *burgus*, also in der *Stadt* Coburg festgelegt. Mit diesem zeittypischen Stadtbegriff verbunden ist der zeitgleich verwendete des *burgaere*, in dem die althochdeutsche Bedeutung des *Stadtbewohners* steckt. So wie das bürgerliche Coburg seit dem 13. Jahrhundert weitgehend unabhängig von der Burg gedieh, die man erst im 19. Jahrhundert wieder mit der Stadt verknüpfte, so richtet sich der Blick dieser nun in erheblich erweiterter

G. F. Rauscher (?): Das äußere Ketschentor, 1826. Noch heute ist dieses im frühen 14. Jahrhundert erbaute Stadttor die südliche „Pforte" zur Coburger Altstadt.

Zweitauflage vorliegenden »Kleinen Coburger *Stadt*-Geschichte« vorrangig auf die *Bürger*-Gemeinde.

Da im Spätmittelalter wesentliche Strukturen der Stadt in topografischer, sozialer, politischer und wirtschaftlicher Hinsicht entstanden, die Coburg zum Teil bis ins 20. Jahrhundert prägen sollten, wird diese Epoche intensiver als die nachfolgende dargestellt. Die Reformation brachte nicht nur Luther im Sommer 1530 hierher, die kulturellen, aber auch die politisch-militärischen Folgen der konfessionellen Spaltung Mitteleuropas bestimmten Schicksal, Bedeutung und Selbstverständnis der herzoglichen Residenzstadt, die Coburg mit Unterbrechungen von 1549 bis 1918 war, nachhaltig.

Nach dem Ersten Weltkrieg schrieb man in der 1920 bayerisch gewordenen Stadt als »Reagenzglas« der nationalsozialistischen Machtergreifung das dunkelbraune Geschichtskapitel dieser ersten NS-beherrschten Stadt Deutschlands. In den Jahren nach der Katastrophe des Dritten Reiches hatte das unversehens im DDR-nahen Grenzland gelegene Coburg die gravierenden Folgen des Zweiten Weltkrieges mit Flüchtlingsintegration und wirtschaftlichem Neubeginn zu bewältigen, was angesichts der heutigen Situation bestens gelungen ist.

Den Besuchern und Einheimischen einen kompakten Einblick in die städtische Geschichte von den Anfängen bis heute zu geben, unternimmt dieses Buch. Begleitet wird der Gang durch die Stadtgeschichte von der kulturwissenschaftlich orientierten Auslotung der erkennbaren Aspekte Coburger Selbstverständnisses im Wandel der Jahrhunderte, für die seit dem Spätmittelalter insbesondere die zeittypischen Ansichten des städtischen »Mohrenkopf«-Wappens aussagekräftig sind.

Coburg, im Januar 2019 *Hubertus Habel*

Die Vorgeschichte der Stadt Coburg

Siedlungsentstehung an der Itz-Furt

Für die Entstehungszeit des Ortes Trufalistat sind zwei wesentliche Faktoren erkennbar, die die Entwicklung Coburgs über Jahrhunderte prägten. Bereits in dieser Zeit existierte eine Nord-Süd-Verbindungsstraße, die von Norditalien aus entlang der heutigen B 4 Mitteleuropa und Skandinavien miteinander verband. Aus Süden, dem Itzgrund folgend, erreichte die Straße das heutige Stadtgebiet. Etwa an der Stelle der heutigen Heiligkreuzbrücke, also unmittelbar oberhalb der Einmündungen von Lauter und Sulzbach in die Itz, kreuzte die Straße durch eine Furt die Itz, um weiter nach Norden über Rottenbach und Eisfeld den Thüringer Wald in Richtung Erfurt und Magdeburg zu queren. Jährlich wiederkehrende Hochwasser und die im Frühjahr und Herbst aufgeweichten Karrenwege des Gebirges zwangen die reisenden Kaufleute, Pilger und andere Gruppen zu mitunter wochenlangen Rasten auf dieser hochwasserfreien Terrasse im ansonsten recht sumpfigen Itztal an der »Coburger Pforte«. Es wären schlechte Händler gewesen, hätten sie nicht die Wartezeit zum Verkauf ihrer Waren an diesem zunächst geografisch bedingten Handelsplatz genutzt, der sich im Lauf der Zeit aus dieser ersten provisorischen Keimzelle zur Marktsiedlung entwickelt haben dürfte.

Schriftliche Quellen aus dieser frühen Zeit sind bislang vergeblich gesucht worden. Die Archäologen haben immerhin zwei Grabungsfunde zutage gefördert: eine Gefäßscherbe mit Rosettenstempel des 6./7. Jahrhunderts am Schlossplatz und einen karolingischen Schläfenring des 8. Jahrhunderts bei St. Moriz. Gemeinsam ist ihnen, dass sie in Kombination mit der Namensstruktur von *Trufalistat* auf dessen frühmittelalterliche Entstehung hinweisen.

Die Grenzen der hochmittelalterlichen Siedlung können aufgrund archäologischer Befunde mosaikartig im Westen und

TRUFALISTAT

Die Bedeutung des hochmittelalterlichen Namens von »Trufalistat« war bis vor wenigen Jahren ungeklärt. Die Quelle dieser vor 1182 verwendeten Bezeichnung ist die spätmittelalterliche Kopie der Urkunde vom 24. Mai 1217, in der erstmals Coburg als »Stadt« bezeichnet wird. Der Passus der lateinischen Urkunde lautet übersetzt: [...] *an der Kirche und der gesamten Stadt Choburg, die früher Trufalistat genannt wurde*, also ihren Namen getauscht hat. Dank der sprachwissenschaftlichen Studie von Helga Oertel-Günther wissen wir nun, dass er »Stätte des Dörfleins« bedeutet. Die bislang von der lokalen Heimatforschung vertretene These von der »Stätte der Thüringer« ist ebenso wenig haltbar wie die Verortung im Bereich des Oberen Bürglaß, die sich daran orientiert, dass Coburg eine Kaufmannssiedlung vor den Toren Trufalistats gewesen sei. Die Struktur des Namens auf *–stat* lässt analog zu Gau*stadt*, Hall*stadt* etc. nach Dr. Wolfgang Janka als Entstehungszeit das frühe Mittelalter, die »Zeit vor dem slawisch-deutschen Sprachkontakt« im heutigen westoberfränkischen Raum, also das 6./7. Jahrhundert annehmen.

Coburg – wie der Ort seit ca. 1150 genannt wurde – gehört zu den frühen, im Mittelalter neu entstandenen Städten Mitteleuropas, deren massenweise Gründungen erst in der Mitte des 13. Jahrhunderts einsetzte. Der wirtschaftliche, rechtliche und religiöse Einfluss der klösterlichen Propstei auf dem nahe gelegenen Berg hatte sich bereits namenprägend niedergeschlagen. Die für *burgi* typische Lage an der den nahen Fluss querenden Straße war ebenfalls gegeben und stellte die Basis des Aufstiegs der Stadt dar.

im Südosten festgelegt werden. So war die heutige Marktplatzfläche bis ins 13. Jahrhundert weitgehend mit Häusern bebaut. Im Westen, entlang der Rosen- und Spitalgasse, befand sich eine Befestigungslinie aus Holzständerreihen, deren Zwischenräume mit Geröll und Erde zu einer wallartigen »Holz-Erde-Mauer« aufgeschüttet gewesen sein dürften. Ein großflächiger Brand ließ diese Bauwerke untergehen.

Das Siedlungszentrum hat vermutlich weiter östlich, im Umfeld von Sankt Moriz gelegen. Ausgrabungen des Jahres

2001 im Bereich der Coburger Pfarrgasse deuten an, dass hier im 11. Jahrhundert ein klösterlicher Wirtschaftshof und eine erste Kirche bestanden haben. Die Funde lassen außerdem vermuten, dass es bis in die zweite Hälfte des 13. Jahrhunderts um den »heiligen Ort« der Morizkirche eine Mauerumwehrung gab, die ihren Ersatz in der geräumigeren heutigen »inneren Stadtmauer« gefunden hat.

Die Annahme des Klosterhofes verweist auf die zweite Keimzelle der Stadt, die Burganlage hoch über dem Tal auf dem Festungsberg: Die *Coburg* gehörte ursprünglich zum Reichsgut der ottonischen Kaiser. Der Name wird vom altslawischen *chov* für Sicherung abgeleitet, demzufolge *Coburg* schlicht *Sicherungsburg* bedeutet. Sie mag als befestigter Sitz eines kaiserlichen Dienstmannes zum Schutz vor den Ungarn im 9. und 10. Jahrhundert entstanden und nach dem Ende der Ungarneinfälle 955 militärisch bedeutungslos geworden sein. Wirtschaftlich hatte die Coburg die Struktur eines Fronhofverbandes, dessen Zentrale auf dem Festungsberg von grundhörigen und lehensabhängigen bäuerlichen Gütern im Umland versorgt wurde.

Die letzte Eigentümerin aus der ottonischen Dynastie war Richeza von Lothringen (1000–1063), polnische Königinwitwe und Enkelin des Kaisers Otto II. Sie soll die Coburg mit Besitzungen um Saalfeld (an der Saale, Thüringen) im Sommer 1056 an das Erzstift Köln geschenkt haben. Richezas Schenkung ist nur indirekt als Abschrift des 16. Jahrhunderts in der Brauweiler Klosterchronik überliefert. Deshalb sind kaum Aussagen zu den Zielen zu machen. Es kann jedoch angenommen werden, dass Richeza ihr Eigentum einerseits dem Reichsverband erhalten wollte, stand doch der Kölner Erzbischof seinerzeit mit seinem Vorrecht der Königskrönung an herausragender Stelle im Reich. Andererseits dürfte sie mit der Schenkung an die Kirche als Gegengabe die ewige Fürbitte für ihr persönliches Seelenheil verbunden haben.

Köln gründete 1074 in Saalfeld ein Benediktinerkloster, dem die Coburger Güter zugeordnet wurden. Sie wurden ab dem 12. Jahrhundert von einem Propst, einem abgeordneten *Praepositus* des Saalfelder Klosters, verwaltet. Hierzu dürfte auch der Klosterhof des 11. Jahrhunderts im Osten der Morizkirche gehört haben. Es ist anzunehmen, dass sich Trufalistat/Coburg seit dieser Zeit unter der Herrschaft des Klosters Saalfeld befand, das auch die Pfarrrechte ausgeübt haben dürfte. In der zweiten Hälfte des 12. Jahrhunderts scheint der Saalfelder Einfluss zugunsten Würzburgs geschwunden zu sein, wurde doch 1182 durch Papst Lucius III. dem dortigen Stift Haug der Zehnt »in Coburg«, wie die Siedlung nun hieß, bestätigt. Die Coburger Kirche selbst, die wohl schon im 11. Jahrhundert gestanden hat, wird erst 1189 schriftlich erwähnt. Am 24. Mai 1217 erhielt sie die Pfarrrechte in der Stadt.

Mauritius-Skulptur, um 1240, Magdeburger Dom.

1260 mussten die Mönche die Burg auf dem Berg verlassen, um der Residenz der neuen Herren von Stadt und Land Coburg, den Grafen von Henneberg, Platz zu machen. Auf der Fläche des alten Klosterhofes errichteten sie ihre neue Propstei. Die Kirche ersetzten Stadt und Kloster um 1265 durch einen romanischen Neubau, der nunmehr Pfarr- und Propsteikirche war. Dass sie dem heiligen Mauritius geweiht war, wissen wir aus einer zwar erst 1323 verfassten Urkunde. Wir können aber davon ausgehen, dass bereits das erste Gotteshaus an diesem »heiligen Ort« dieses Patrozinium hatte.

DER HEILIGE MAURITIUS UND COBURG

Der Legende nach war der heilige Mauritius († Ende 3. Jh.) Befehlshaber einer christlichen, aus der oberägyptischen Gegend um Theben stammenden römischen Legion. Da sich deren Soldaten weigerten, heidnischen Göttern zu opfern, wurden sie dezimiert und schließlich liquidiert. Der Mauritius-Kult nahm von der um 360, ca. 65 Jahre nach dem Tod des Heiligen, in Agaunum gebauten Kirche seinen Ausgang. Dort gründete der Burgunderkönig Sigismund 515 das Kloster St. Maurice, das 824 zum Stift erhoben wurde. Pilger verbreiteten den Mauritius-Kult entlang der römischen Heerstraßen und Fernwege in Deutschland, Italien und Frankreich. 888 wurde der Heilige Patron des Königreiches Burgund, dann 967 Patron des unter Kaiser Otto I. neu errichteten Bistums Magdeburg.

Otto I. etablierte Mauritius als neuen Reichspatron neben den älteren, Dionysius und Martin. Mauritius' Lanze, Schwert und Steigbügel gehörten fortan zu den Insignien der ottonischen Kaiser, wobei die Heilige Lanze eine zentrale Stellung innehatte.

Die Bedeutung Magdeburgs wurde durch weitere Reliquien-Übertragungen gesteigert: Als letzte wurde 1220 die Hirnschale Mauritius' an Magdeburg übergeben. Die Herzöge von Andechs-Meran hatten sie aus dem vierten Kreuzzug aus Konstantinopel mitgebracht und in ihrem Hauskloster Langheim bei Lichtenfels »zwischengelagert«. Die feierliche Prozession ging – wie vermutlich die vorhergehenden Übertragungen auch – durch Coburg, wo man Rast machte und die Reliquie in der Kirche niederlegte. Durch die Berührung mit dem heiligen Leib wurde der Ort geheiligt. Auf diese Weise dürfte das Coburger Mauritius-Patrozinium bereits für die Vorgängerbauten der heutigen Morizkirche entstanden sein.

»Boom town« des 13. Jahrhunderts

Die »Neue Herrschaft« der Grafen von Henneberg

Obwohl die Einflüsse des Hochstifts Würzburg und der Saalfelder Propstei auf den Talort Coburg in wechselnden Intensitäten für das späte 12. und frühe 13. Jahrhundert nachweisbar sind, sind die Quellen jedoch nicht aussagekräftig genug, um eine klare Stadtherrschaft feststellen zu können. Vielmehr ist für diese frühe Zeit vor der Ausbreitung homogener territorialer Herrschaftsstrukturen davon auszugehen, dass es auch in Coburg konkurrierende Rechte unterschiedlicher geistlicher und weltlicher Herren gab. So hatte etwa Herzog Otto VIII. von Andechs-Meranien Zehntrechte in der Stadt, die er mit seinem Tod 1248 an das Kloster Banz vererbte, das in weltlicher Hinsicht von Graf Hermann I. von Henneberg als Vogt verwaltet wurde. Es ist jedoch nicht davon auszugehen, dass die Andechs-Meranier kraft ihrer Zehntrechte auch Stadtherren von Coburg gewesen sind, geschweige denn dass die stadtherrlichen Rechte unmittelbar als Erbe an den Henneberger gegangen seien, wie in der älteren Literatur immer wieder zu lesen ist.

Zwischen 1260 und 1272 hat Graf Hermann I. von Henneberg auf ungeklärtem Wege unter anderem mit Burg, Stadt und Land Coburg einen bedeutenden Nachlass-Anteil von Otto VIII. an sich ziehen können. Dies zeigen etwa das Coburger Stadtsiegel von 1272 und das älteste Henneberger Urbar des 14. Jahrhunderts. Auf dieser Basis baute Hermann I. Coburg als Zentrum der »Neuen Herrschaft« des nunmehrigen Hauses Henneberg-Coburg aus. Unter ihm als formellem Herrn Coburgs dürfte die Stadt auch eine frühe städtische Verfassung erhalten haben.

Bis in diese Phase der Herrschaftsetablierung des Hennebergers bestanden »sloss« und »Kloster«, also weltlicher und geistlicher Sitz der Vogtei bzw. Propstei des 1074 gegründeten Benediktinerklosters Saalfeld, nebeneinander im Burgbereich.

„SIGILLUM CIVITATIS IN KOBURCH“, Stadtsiegel 1272.

Danach, also nach 1260, war die Burg das Residenz-»Schloss« der Henneberger und ab 1353 das ihrer Erben, der Wettiner. Es ist davon auszugehen, dass vom 11. bis 15. Jahrhundert die machtsymbolische Bedeutung des hoch über der »Coburger Pforte« – der geomorphologisch so bezeichneten Itztal-Verengung – gelegenen *huse*[s] *czu Koburg* deutlich dessen pragmatisch-militärische Funktion überlagert hat und nur wenige Männer die Stamm-Besatzung gestellt haben.

Großbaustelle Coburg

Die *civitas in Koburch* präsentierte sich seit 1272 selbstbewusst als rechtsfähige Bürgergemeinde mit eigenem Siegel. Das prestigeträchtige Statussymbol der turmbekrönten und zinnenbewehrten Mauer um den wehrhaften Friedensbezirk zeigt die aufstrebende hennebergische Handelsstadt in der im 12./13. Jahrhundert üblichen symbolischen Form der Burg.

Die alte Stadtanlage Trufalistats/Coburgs ist – vermutlich um die Mitte des 13. Jahrhunderts – einem Großbrand zum Opfer gefallen. Brand- und Planierungshorizonte im Untergrund deuten darauf hin, dass das Terrain abgeräumt und ein neues, deutlich vergrößertes Coburg gebaut wurde. Der noch heute gut nachvollziehbare Grundriss der spätmittelalterlichen Siedlung zeigt die planmäßige Anlage der sich dynamisch entwickelnden Stadt im inneren Mauerring während der Expansionsphase infolge des Herrschaftsantritts der Grafen von Henneberg in Coburg nach 1260.

Die alte Nord-Süd-Fernstraße erreichte auf ihrer hochwasserfreien Trasse über die heutige Hohe Straße am Steintor die Stadt von Osten. Dort traf sie auf eine Ost-West-Fernstraße, die innerhalb der Mauer mit der Steingasse auf den Markt mündete, am Ende des Platzes als Judengasse die Stadt verließ und nach dem Itzübergang der Judenbrücke den Hohlweg des Judenberges einkerbend sich nach Westen fortsetzte. Eine zweite – die Taltrasse der Nord-Süd-Straße – verlief entlang der heutigen Ketschendorfer Straße und gelangte von Süden auf der Ketschengasse zum Markt.

Da sie südlich der Stadt – so im Bereich der Nikolaus-Kapelle – ca. drei Meter unter dem heutigen Niveau lag, dürfte diese Trasse nur in trockenen Zeiten nutzbar gewesen sein. Die Fernstraße passierte durch die Spitalgasse »die stat« im inneren Mauerring am Spitaltor, um den Steinweg entlang durch die »nwe stat« an Heiligkreuz vorbei – hier wurde 1401/1407 mit dem Bau der gleichnamigen Kirche begonnen – die Stadt durch die Itz hindurch zu verlassen. Erst 1468 wurde hier eine erste Brücke gebaut, die den Verkehr beschleunigen half.

Für eine Anlage des 13. Jahrhunderts sprechen auch einige Bauwerke, die den Verlauf der ebenfalls in dieser Zeit errichteten und in Teilen noch heute erhaltenen inneren Stadtmauer mit den zwei der ursprünglich vier Tore markieren.

Das St.-Georgs-Spital – außerhalb des Spitaltores an der Georgengasse gelegen – markiert die Nordgrenze der Stadt des späten 13. Jahrhunderts. Diese älteste Coburger Sozialeinrichtung, die neben der quarantänemäßigen Krankenpflege auch die Fürsorge von Waisenkindern zu betreiben hatte, wurde 1317 erstmals erwähnt. Es ist jedoch anzunehmen, dass die Grafen von Henneberg das Spital bereits vor 1291 gestiftet haben – vor dem erbweisen Herrschaftsübergang Coburgs von Henneberg an das Haus Brandenburg, das Stadt und Land an der Itz bis 1312 innehatte.

Der Name dieser Quarantänestation an der Stadtgrenze kann auch symbolisch-programmatisch interpretiert werden:

Der heilige Drachentöter Georg, dem das Spital geweiht wurde, hat durch seine legendäre Tat nicht nur das hochgestellte städtische Mädchen vor dem tödlichen Opfergang zum Ungeheuer bewahrt, sondern pars pro toto auch die gedeihliche Zukunft der Stadt, ihrer Gesellschaft und der urbanen Ordnung gesichert. So gesehen war die den Grafen von Henneberg zugeschriebene Spitalstiftung nicht nur eine karitative Maßnahme dieses Adelsgeschlechtes im Interesse des eigenen Seelenheils, sondern eben auch als Sicherung der vitalen Zukunft ihrer schon weit entwickelten Stadt gedacht: Schließlich wurde der heilige Georg nicht nur in Coburg gegen Pest und Lepra angerufen und war daher seit dem frühen Mittelalter der Patron der Spitäler. Diese baute man gezielt vor den Toren, um das durch den Drachen symbolisierte chaotische Böse in Form von Seuchen und Krankheiten von der Stadt und ihrer Bevölkerung fernzuhalten.

Folgt man der Linie der zwischenzeitlich verbauten bzw. abgetragenen Mauer über den Theater- und den Schlossplatz nach Südosten, so gelangt man zum Stadtschloss Ehrenburg. An dessen Stelle entstand zwischen 1250 und spätestens 1257 auf einem Areal der Stifterfamilien von Schaumberg und von Coburg ein Franziskanerkloster, das fortan bis zum reformationsbedingten Zerfall des Konventes 1525 zur Kustodie Thüringen gehörte.

Durch den Herrschaftsantritt des Hennebergers nach 1260 waren die Saalfelder Benediktiner gezwungen, die Burg auf dem Berg zu verlassen, die nun Residenz-Schloss wurde. Die Mönche verlegten um 1265 die Propstei in den Neubau hinter der Pfarr- und Propsteikirche St. Mauritius in der Stadt. (Die Grundmauern der Propsteikapelle bilden den Kern des »Grabungsmuseums Kirchhof« unter dem Ämtergebäude Steingasse 18.)

Etwa zeitgleich errichteten Stadtgemeinde und Kloster auf dem Grund der wohl schon im 11. Jahrhundert bestehenden und 1217 erwähnten Pfarrkirche einen romanischen Neubau, der der heutigen Morizkirche (III) ähnlich war: Wie diese besaß Moriz (II) im Westen zwei Glockentürme, die das stufig eingezogene Hauptportal gleich einem Stadttor einrahmten.

HINTERGRUND

COBURG ALS HIMMLISCHES JERUSALEM AUF ERDEN

Mit ihrer annähernd kreisrunden Ummauerung empfahl sich die christliche Stadt als symbolisches Abbild des »himmlischen« wie des irdischen Jerusalem: Mit den vier Toren, dem Straßenkreuz und der Lage von St. Moriz als Parallele zur Grabeskirche entsprach Coburg dem hochmittelalterlichen Jerusalem, dessen idealisiertes Karten-Bild die Kreuzfahrer nach Mitteleuropa mitbrachten und nach dessen Typus eine ganze Reihe von Städten seit dem 12. Jahrhundert angelegt worden ist. Die innere Einteilung in Stadt-»Viertel«, die Platzierung der Tore und den Durchmesser des Mauerrings entlehnten die Coburger Stadtplaner der Offenbarung des Johannes, dem letzten Buch der Bibel: Offb. 21, 10–16.

Die vier Gruppen von je drei Türmen in den vier Haupthimmelsrichtungen setzte man mit den bekannten Anlagen des Steintores im Osten, des Spitaltores im Norden, des inneren Ketschentores im Süden und des Judentores im Westen um. Man reduzierte die biblischen 12000 Stadien, die als symbolischer Ausdruck der unermesslichen Größe etwa 2307 Kilometern entsprechen, mit 1200 Fuß auf ein praktikables Maß des Hochmittelalters. Genau dieser Durchmesser von ca. 364 Metern ist noch heute in Coburg mit den Distanzen zwischen Spital- und dem Standort des inneren Ketschentores sowie zwischen Juden- und Steintor nachzumessen.

Die Anlage war nur deutlich schmäler. Die Stützen des heutigen Mittelschiffs markieren die Linien der Außenwände des Schiffs und der Turmfassade.

Für eine geplante Stadtanlage des 13. Jahrhunderts spricht auch der Verlauf der inneren Stadtmauer vor allem im Bereich des westlichen Judentores. Das letzte »Jahrhundert-Hochwasser« der Itz vor jeglicher modernen Hochwasserfreilegung ließ 1909 den Fluss vier Meter hoch über die Ufer treten und die Wellen exakt an der Stelle der Außenschwelle des wenige Jahre vorher abgerissenen Vortores ausplätschern. Dies zeigt, dass die damaligen Stadtplaner die maximale Ausdehnung ihrer Planstadt einzuschätzen wussten, um den Bürgern auch in witterungsbedingten Extremsituationen trockene Füße garantieren zu können.

Im Ergebnis präsentierte sich diese Großbaustelle des 13. Jahrhunderts als eine in militärischer, klimatischer und hygienischer Hinsicht sichere Stadt, die sich nicht nur mittels ihrer steinernen Mauer deutlich vom unsicheren Land abgrenzte. Auch die Vieltürmigkeit der Toranlagen und der Hauptkirche und das Spital unterstrichen auf der symbolischen Ebene die Bedeutung Coburgs als Zentrum in der Region zwischen Main und Rennsteig, Rhön und dem Frankenwald.

Handelsstadt mit ausgeprägter Sozialstruktrur

Mit dem Franziskanerkloster und dem oben bereits näher beschriebenen St.-Georgs-Spital stehen zwei bereits in der zweiten Hälfte des 13. Jahrhunderts entstandene Einrichtungen als aussagekräftige Indikatoren für die sozial wie wirtschaftlich ausgeprägte Stadtgesellschaft, sind sie doch als institutionelle Reaktionen auf den Reichtum in der Stadt zu verstehen.

Die hier in dem um 1250 gegründeten Franziskanerkloster ansässigen Bettelmönche des Seelsorge und Krankenpflege betreibenden Ordens lebten vom Wohlstand der Stadtbevölkerung. Das erhaltene Totenbuch der Coburger »Barfüßer«, wie die dem apostolischen Armutsideal verpflichteten Franziskaner auch genannt wurden, zeigt mit seinen Einträgen aus der gesamten Laufzeit von ca. 1250 bis zur reformatorisch motivierten Selbstauflösung 1525 die enge Verflechtung dieses Stadtklosters mit allen Schichten der Bevölkerung: Man erkaufte sich mit dem Eintrag ins Totengedenkbuch, dem Begräbnis im klösterlichen Friedhof und der Fürbitte um das Seelenheil am jährlichen Todestag diese aufs Jenseits ausgerichteten, begehrten Dienstleistungen der Bettelmönche.

Auch die Beginen, die in laikalen »Conventen« lebenden Frauen, gab es seit spätestens 1349 in Coburg, als ihnen von Jutta von Henneberg-Schleusingen (~1301–1353) ein Haus an der Morizkirche geschenkt wurde. Sie betrieben Messdienerdienste, stellten Kerzen und vor allem Textilien für die Kirchen

Emil Maurer: Inneres Ketschentor am heutigen Albertsplatz, 1791 abgerissen.

sowie die Mönchskonvente her, was ihnen jedoch Konflikte mit den Vertretern des städtischen Hauptgewerbes, den Webern, einbrachte.

Ein weiteres Indiz für die sozioökonomisch ausgeprägte Struktur Coburgs ist die Existenz einer jüdischen Gemeinde bereits in der zweiten Hälfte des 13. Jahrhunderts, die neben Bamberg als Filialsiedlung zur Würzburger Gemeinde gehörte. Neben dem Warenhandel betrieben die Juden die nach kirchlichem Recht verbotene und nur von Nichtchristen tolerierte Kreditvergabe an die christlichen Zeitgenossen, die ihren

Handelswareneinkauf bzw. ihre gewerbliche Warenproduktion auf diese Weise vorfinanzierten. Das Wirtschaftsleben der Coburger Kaufleute und Handwerker war wie in anderen Städten gleichermaßen Voraussetzung und Resultat jüdischer Teilhabe an diesem Prozess urbaner Wertschöpfung.

Dem intensiven Vertrauensverhältnis Graf Bertholds VII. von Henneberg-Schleusingen (~1272–1340) zu Kaiser Ludwig IV. dem Bayern (1281/82–1347), verdankt die Stadt Coburg ihre Rechtsausstattung im frühen 14. Jahrhundert: So stattete 1315 Ludwig der Bayer den Grafen Berthold VII. mit einem Steuerprivileg zugunsten der Befestigungsverbesserung der Städte Coburg und Königshofen aus. Das Henneberger Wappen über der Durchfahrt des äußeren Ketschentores weist auf die Bauzeit vor 1353 hin. 1423 wurde diese Steuer von den Wettinern in die Zuständigkeit der Stadt zum selbstständigen Gebrauch verliehen. Hierdurch erlangte Coburg zu einem vergleichsweise frühen Zeitpunkt eine gewisse finanzpolitische Selbstständigkeit. 1331 erteilte der Kaiser Berthold VII. für Coburg das Recht der späteren Reichsstadt Schweinfurt. Anlass hierfür war die entsprechende Bitte und Ludwigs Dankbarkeit gegenüber dem Henneberger für dessen »treuen Dienst« während der heftigen Kämpfe um die kaiserliche Macht und deren Erhalt im Reich. Es wird zwar immer wieder behauptet, dass »diese Stadtrechtsübertragung [...] eine selbständige Ratsverfassung mit Bürgermeister und sechs Ratsherren« eingeführt haben soll. Tatsächlich fand mit dieser Übertragung lediglich eine Mehrung und Verbesserung bereits bestehender Stadtrechte statt. Hierzu gehörten die rechtlichen Kompetenzen der seit 1272 siegelführenden »Civitas« und das seit 1299 selbstständige Stadtgericht.

Zentrum der sächsischen Ortlande in Franken seit 1353

Die *Wettiner*

Heinrich VIII., Sohn Bertholds VII., und seine Gemahlin Jutta von Henneberg-Schleusingen hatten vier Töchter, unter denen die *Neue Herrschaft* als Erbe aufgeteilt werden musste. Katharina (ca. 1340–1397) erhielt den Teil der Coburger Lande als Erbe bzw. Mitgift für ihre 1346/47 mit dem Wettiner Markgrafen Friedrich III. von Meißen, dem Strengen, (1332–1381) geschlossene Ehe.

Georg Spalatin/Werkstatt Lucas Cranachs: „Wie Lantgraf Fridrich dem Graven von Hennenberg sein tochter wider geschickt hat."

Der Brautvater ging davon aus, dass sein Erbe bis zu seinem bzw. dem Tod seiner Frau der eigene Besitz blieb. Der Meißner Schwiegersohn bestand dagegen auf der »Mitgift«, also dem Eigentumsübergang Coburgs unmittelbar mit der Eheschließung. Da sich der alte Graf von Henneberg aber stur stellte, schickte der Wettiner die frisch gebackene Ehefrau Katharina wieder heim zu den Eltern. Dieser Affront löste eine Fehde aus, in deren Folge der unterlegene Schwiegersohn einlenken musste und sich mit Heinrich darauf verständigte, dass das Erbe seiner Frau bei den Schwiegereltern lebenslang als Besitz verbleiben sollte. Da Jutta ihren Mann um sechs Jahre überlebte, musste sich Friedrich III. in Geduld üben. Als die Schwiegermutter jedoch am 1. Februar 1353 starb, reagierte er schnell und sandte einen Boten zu König Karl IV., der Friedrichs Bitte entsprach und diesen bereits am 9. Februar mit der *Neuen Herrschaft* belehnte. Den konsternierten Miterben – die Ehemänner der Schwestern Katharinas – blieb nur die Einwilligung in die von Friedrich vorgeschlagene Teilung, bei der er sich mit Stadt, Haus (Burg) und Land Coburg ein »Filetstück« sicherte, das seitdem die *Ortlande*, die wettinische *Landspitze in Franken*, genannt wurde. Die *sächsischen Ortlande* hieß das Coburger Land erst seit 1423, als Friedrich I. der Streitbare (1370–1428), Markgraf von Meißen und Landgraf von Thüringen, mit der Kurfürstenwürde belehnt wurde und alle wettinischen Länder nunmehr *Sachsen* hießen.

Die »Große wettinische Landesteilung« 1485

Die thüringische Landesgeschichte, zu der bis 1918 auch die Coburgs gehört, ist wegen der vielen sogenannten *ernestinischen Teilungen* und der daraus folgenden wechselnden territorialen Zugehörigkeiten etwa Coburgs auch nach dem ersten Blick verwirrend. Es gab zwar im Verlauf des Mittelalters diverse Erbteilungen der wettinischen Länder, grundlegend für die territoriale Struktur bis hin zu den heutigen Bundesländern Sachsen und Thüringen wurde jedoch die *Leipziger Teilung*, auch *Große wettinische Landesteilung* von 1485 genannt.

Kurfürst Ernst (1441–1486) entschloss sich in diesem Jahr nach mehrjähriger gemeinsamer Regierung mit seinem jüngeren Bruder, Herzog Albrecht (1443–1500), gegen dessen Willen zur Teilung des im Reich bedeutend gewordenen Flächenstaates. Als älterer und daher ranghöherer und regierender Kurfürst verleibte er auf der Basis der am 17. Juni 1485 in Leipzig beschlossenen Vereinbarung seinem ernestinischen Kurfürstentum

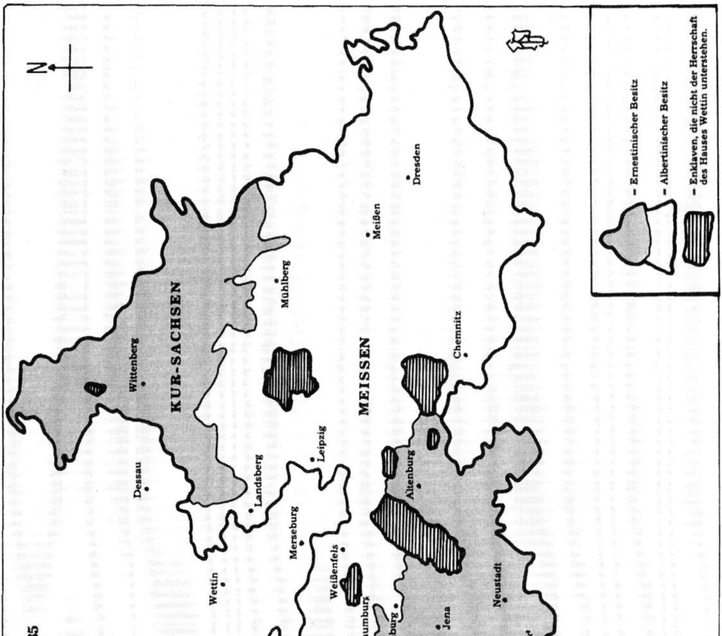

Die Leipziger bzw. Große wettinische Landesteilung Sachsens von 1485.

Sachsen den nördlichen Bereich um Wittenberg und die südlichen Thüringer Teile zwischen Eisenach und Altenburg inklusive der nunmehrigen Pflege Coburg und des Amts Königsberg ein. Der dazwischen liegende meißnische Bereich – ausgehend nördlich von Eisenach und bis weit östlich von Dresden reichend – bildete das albertinische Herzogtum Sachsen des jüngeren und daher rangniedrigeren Bruders Albrecht.

Die komplizierte Umsetzung der am 11. November 1485 ebenfalls in Leipzig vollzogenen Teilung trennte nicht nur die wettinische Dynastie in die Linien der *Ernestiner* und *Albertiner* und schwächte die Stellung der Wettiner im Reichsverbund nachhaltig, sondern legte auch den Grund für tiefgreifende Konflikte zwischen beiden Linien, die vor allem das durch die reformationsbedingte Glaubensspaltung bestimmte konfessionelle Zeitalter des 16. und 17. Jahrhunderts prägten und sich bis ins 20. Jahrhundert auswirkten.

Bevölkerung und Stadtgesellschaft

Wie alle mittelalterlichen Städte, so verdankte auch Coburg sein Bevölkerungswachstum der Zuwanderung aus der ländlichen Umgebung des alten hennebergischen Landes, das sich nördlich des Mains bis zum Rennsteig, dem Kamm des Thüringer Waldes, erstreckte. Da konkrete Zuwanderungszahlen erst ab 1392 mit den Bürgerrechts-Aufnahmelisten des im Stadtarchiv Coburg erhaltenen ersten Stadtbuchs einsetzen, sind Aussagen für die davor liegende Zeit nicht möglich. Eine Tendenz des Zeitraums bis 1520 lässt sich dennoch ablesen: Nach den ersten mit 270 und 263 Zuwanderern etwa gleich starken zwanzigjährigen Zeitintervallen bis 1431 kamen bis zur Mitte des 15. Jahrhunderts mit 172 Neucoburgern deutlich weniger Zuzügler in die Stadt. Die hohen Zuwanderungszahlen ab Ende des 14. Jahrhunderts dürften wohl eher die Fortsetzung des allgemeinen Bevölkerungswachstums nach dem Abklingen der Pest denn das Resultat eines frühen »Residenzstadteffekts« sein, obwohl die herrschende Markgräfin Katharina von Meißen seit 1381 mit

BÜRGERRECHTS- UND STEUERVERWEIGERER UM 1487

Die konkrete Größe der Coburger Stadtbevölkerung kann erst für das Ende des 15. Jahrhunderts errechnet werden: 1487 meldete der Coburger Stadtrat im Zusammenhang mit einer Bestandsaufnahme der gesamtwettinischen Streitkräfte 410 taugliche Wehrpflichtige, zu denen noch 102 Untaugliche zu rechnen seien. Diese 512 Milizionäre repräsentierten nicht die gesamte Stadtbevölkerung, sondern nur den bürgerrechtlich verpflichteten Anteil. Die Coburger Stadtväter beklagten sich nun bei Kurfürst Friedrich III. von Sachsen und seinem Bruder, Herzog Johann von Sachsen, über das soziale, wirtschaftliche und militärische Problem, dass 93 der Einwohner zwar die Standortvorteile der Handelsstadt Coburg genossen, *hendel und hanttirung mit hanttwercken, kauffen und verkauffen wie andere unsere mitburger uben und tryben*. Im Gegenzug seien sie aber nicht bereit gewesen, kommunale Verpflichtungen einzugehen, also *weder stewer noch folge, der statt fron noch pethe* (Steuer) *vermeynen zu geben*, obwohl sie mit ihren bis zu 2000 Gulden umfassenden Individualvermögen *bey merklicher narung sind*, wie man feststellte. Der Hinweis auf die wiederholten Klagen der Stadt bei den Landesherren darüber deutet an, dass sie diese Entwicklung zumindest tolerierten, wenn nicht sogar förderten, weil ihre eigenen Steuereinnahmen davon profitierten.

Addiert man die 93 potenziell Wehrpflichtigen zu den 512 Bürgern hinzu und multipliziert man die 605 Coburger mit dem realistischen Faktor 5,5 für die nicht wehrpflichtigen Familienangehörigen, so dürften 1487 ca. 3320 Menschen in der Stadt gelebt haben.

HINTERGRUND

ihren Kindern auf der Coburger Burg lebte. Nach der Zuwanderungs-»Delle« in der Mitte des 15. Jahrhunderts stieg die Attraktivität Coburgs bis weit ins 16. Jahrhundert hinein wieder an.

Andrian-Werburgs Untersuchung des von ihm edierten ältesten Stadtbuchs zufolge konnte die Stadt in der ersten Hälfte des 15. Jahrhunderts die Zuzügler noch zwingen, das volle Bürgerrecht und damit die Steuer-, Dienst- und Verteidigungspflichten in der Kommune anzunehmen, da sie sonst nicht die volle Verfügbarkeit über ihr Eigentum hätten erlangen können.

Diejenigen, die nur Herrenhuld schworen, kamen aus einem fremden, außerwettinischen Untertanenverhältnis und mussten mit dem Eid Untertanen des Coburger Landesherrn werden. Sie wurden so aber keine Bürger mit den entsprechenden Rechten und Pflichten. Bei kleinen Handwerkern und Taglöhnern, die häufig nur »schlechte Herrenhuld« schworen bzw. den »Inwohner«-Status annahmen, war das wohl kein großer Schaden für die Stadt und deren Steuereinnahmen. Die im Schreiben der Coburger Stadträte 1487 beklagten *freyen hewßer* legen jedoch nahe, dass das an den Hausbesitz gebundene eigentumsrechtliche Druckmittel der städtischen Bürgerrechtsannahme durch landesherrliche, bürgerrechtsfreie Lehen unterlaufen wurde, waren deren Inhaber doch *nicht mer dann ewern gnaden etlich frontag zu thun schuldig* und scheinen sie doch über ihr Eigentum und ihre kaufmännischen bzw. gewerblichen Produkte freie Verfügungsgewalt gehabt zu haben. Dies und die Freiheit von bürgerlichen Steuern dürften wesentliche Faktoren gewesen sein, wodurch *dye ihenen, dye nicht bürger sind [...] und doch bey merklicher narung sind, etlich bey 2000 gulden, etlich bey tausent, etlich bey 800, etlich 400 und 300 gulden im reichthum sind*, zu den beträchtlichen Vermögenswerten kommen konnten, deren steuerliches Potenzial von den Stadträten argwöhnisch beäugt und angeprangert wurde.

Neben der einwohnerrechtlichen Differenzierung war die städtische Gesellschaft Coburgs nach anderen rechtlichen Kriterien, der Religion, dem Stand und nach dem Vermögensumfang strukturiert.

Die Oberschicht setzte sich aus einer oligarchieähnlich organisierten Gruppe von ca. 22 Familien zusammen, deren Mitgliedschaft auf der Basis ihrer aus dem Bier-, Wein- und Tuchhandel, landesherrlichen Lehen und aus der Pfandgläubigerschaft gegenüber der Landesherrschaft erwachsenen wirtschaftlichen Stärke beruhte. Aus diesen schöffenbaren Familien rekrutierte sich das während der Etablierungsphase der wettinischen Landesherrschaft ab 1353 entstehende sechsköpfige Ratskollegium mit dem als Primus inter pares fungierenden Bürgermeister. Herausragende Vertreter dieser Gruppe waren die Angehörigen der Familie Münzmeister, die 1435 mit dem Titel der Herren von Rosenau geadelt wurden und ihre wirtschaftliche Vorrangstellung ihrem namengebenden Lehen der landesherrlichen Münze verdankten. Sie besaßen den umfangreichsten Grundbesitz im Coburger Land und traten auch als Schöffen etwa in Bamberg auf.

Die Handwerkerschaft organisierte sich in der ersten Hälfte des 15. Jahrhunderts formell in den Handwerken, wie die Coburger Zünfte genannt wurden. In den Stadtrat zogen sie erst 1491 ein.

Wirtschaft

Seit dem 13. Jahrhundert hatte sich Coburgs regionale Zentralfunktion als Knotenpunkt einer Reihe von Handels- und Geleitstraßen verstärkt. Die Zollstation und der Geleitwechsel zwangen Reisende und Händler zum Aufenthalt in der Stadt, die als kommunale Verwaltung ebenso wie die ansässigen Handwerker davon profitierte: Zölle und Marktabgaben gingen an den Landesherrn und den Stadt-»Magistrat«. Gastwirte, Bäcker, Metzger, Winzer und Brauer, Büttner, Wagner, Schmiede und Sattler, aber auch die Händler anderer Güter des täglichen Reisebedarfs hatten ihr gesichertes Auskommen, ihre »Nahrung« durch die Versorgung der Pilger, Kaufleute, Markt-Bauern, »Reisigen« (Söldner), »fahrenden Scholaren« (Gelehrte), Künstler und des »fahrendes Volks«. Die »Spitzbuben«, »Beutelschneider« und anderen eher zwielichtigen Gestalten, die den rechtschaffenen Reisenden folgten, um sie »erleichtern« zu können, waren hingegen keine gern gesehenen Gäste in der Stadt.

Darüber hinaus profitierte Coburg mit seinen zunächst drei und seit 1466 vier Jahrmärkten von diesen Umständen. Diese jeweils dreitägigen Märkte für den Handel im regionalen Rahmen verteilten sich über das gesamte Jahr: Der erste fand um den ersten Sonntag nach Ostern, der zweite um den 29. Juni (Peter und Paul) und der dritte, der »Zwiebelmarkt«, um

SCHWARZER TOD UND SCHWARZES TUCH

1386 gestattete Markgräfin Katharina dem Webermeister Hans Weber und seinen beiden Söhnen, sich in Coburg niederzulassen und ihr Handwerk auszuüben. Ihm und elf seiner Kollegen erließ sie die Steuern. Hiermit wird die vorindustrielle handwerkliche Spezialisierung Coburgs auf die Verarbeitung von Leder und Wolle erstmals fassbar und damit auch die auf die primäre Produktion der Schäferei im Umland, denn von dort kamen Wolle und Häute in die Stadt.

Die Ursache dieser Entwicklung in der zweiten Hälfte des 14. Jahrhunderts war die Pest, die 1347 bis 1351 erstmals seit dem Frühmittelalter entlang der Hauptstraßen quer durch Europa gezogen ist und rund einem Drittel der Bevölkerung das Leben gekostet hat. Der Pest war der Beginn einer Klimaverschlechterung vorausgegangen: Landwirtschaftliche Grenzertragsstandorte wurden aufgegeben, weil die Ernten immer mickriger ausgefallen waren. Hunger folgte und auf die geschwächte Bevölkerung traf der »schwarze Tod«, der nun während seiner im zehn- bis zwanzigjährigen Turnus wiederkehrenden Seuchenzüge »reiche Ernte« unter den Menschen hielt. Franken blieb merkwürdigerweise vom ersten Pestzug verschont: Weder aus Nürnberg, Bamberg noch Coburg gibt es um 1350 direkte Hinweise auf die Seuche, die erst Anfang der 1360er Jahre in der Region fassbar wird.

Die fränkischen Bauern haben schon ab 1350 von der europaweiten pestverstärkten Agrarkrise profitiert und wie die Kollegen andernorts ihre Produktionsstruktur umgestellt: An klimatisch begünstigten Standorten wie der mittelalterlichen Großstadt Bamberg wurden sie Gemüsegärtner und in den gebirgigen Gegenden züchteten sie fortan Vieh, weil sie so mit geringem Personalaufwand die Flächen offen- und die drohende Bewaldung der aufgegebenen Ackerflächen aufhalten konnten. Im Coburger Land spezialisierten sich die Bauern auf die Schäferei und produzierten somit den wolligen Rohstoff der Tuchweber in der Stadt.

Ab 1410 bildeten Weber, Tuschscherer und Schneider ein Viertel der Zuwanderer nach Coburg. Die Massierung der textilproduzierenden Handwerker schlug sich in der 1446 von Herzog Wilhelm von Sachsen erlassenen ältesten Zunftordnung der Coburger

Tuchmacher und -färber nieder. Bereits 50 Jahre später folgte eine zweite, verbesserte Ordnung für sie, weil sich zwischenzeitlich in den Nachbarstädten Zünfte gebildet hatten, die mit den Coburgern auf den Exportmärkten konkurrierten.
Die Produktions- und Qualitätsrichtlinien galten wie bei allen Zunftordnungen für die lokalen Mitglieder, die sich untereinander keine Konkurrenz durch abweichende Produkte machen durften. Interessant ist der Qualitätssprung von der ersten zur zweiten Coburger Tuchmacherordnung, der zufolge – wohl wegen der externen Konkurrenten – die Normbreite der Stoffbahnen von 40 auf 44 Gänge, also von gut 94 auf knapp 104 Zentimeter vergrößert wurde. Breiter liegende Tuche bedeuteten einen Marktvorteil, weil sie ergiebiger für die Schneider waren, blieb doch weniger Verschnitt übrig als bei schmäleren Stoffbahnen. Schwarz gefärbt werden durften nur die besten Wolltuche. Daher gilt bis heute der schwarze Anzug als besonders fein.

Mariä Geburt am 8. September statt. Nachdem kurz vor Ostern 1466 nahezu der gesamte Steinweg, die Vorstadt vor dem Spitaltor, abgebrannt war, genehmigte Herzog Wilhelm III. (1425–1482) den Coburgern einen vierten Jahrmarkt an jedem »neuen Jahrstag«, der wie der Zwiebelmarkt »zoll- und geleitsfrei«, also frei von Abgaben an den Landesherrn, sein sollte. Die Steuereinnahmen dieser beiden »freien« Märkte konnte die Stadt behalten, um den Wiederaufbau des Steinwegs finanziell zu unterstützen.

Baubefunde und die historische Überlieferung zeigen, dass noch 1466 mit dem Einschlag des Bauholzes etwa für das Haus Steinweg 52 begonnen wurde. 1487 wohnten in der Vorstadt schon wieder 120 Familien. Der »Zwiebelmarkt« hat sich als Verkaufstermin landwirtschaftlicher Produkte für die stadtbürgerliche Winterbevorratung bis heute gehalten. Er steht mit seinem Namen auch für die traditionellen Stadt-Land-Beziehungen Coburgs.

Waren die Tuchmacher und -färber das erste zünftige Handwerk in Coburg, so wurden die Gerber mit ihrer 1454 erlassenen Ordnung das zweite. Es folgten ein Jahr später die

„DAS GESAMBTE TUCHMACHER HANDWERCK IN COBURGK“: Petschaft eines Siegels der Zunft mit zentralen Geräten: zwei gekreuzte Weberschiffchen vor senkrechter Spindel, links eine zweireihige Distelkarde, rechts das christliche Symbol eines Wiederkreuzes.

Müller, 1462 die Metzger, 1463 die Schneider, 1467 die Schuhmacher, 1470 die Bäcker und 1479 die Leineweber. 1496 bekamen die Tuchmacher ihre zweite Ordnung, der bis 1686 drei Anpassungen folgten. Im fortgeschrittenen 16. Jahrhundert zogen weitere Handwerke wie etwa die Häfner nach.

Die nichtbügerlichen »Inwohner« Coburgs konnten sowohl arme Tagelöhner als auch vermögende Kaufleute und Handwerker sein, wie die Klage des Stadtrates aus dem Jahr 1487 gezeigt hat (s. S. 27).

Außerhalb der ökonomischen Schichtung der Stadtgesellschaft standen die Kleriker, deren individueller Status als Konventualen des Franziskanerklosters, der Benediktinerpropstei, als Messpriester oder als Pfarrer von ihrem sozialen Ansehen und von der wirtschaftlichen Ausstattung ihrer Pfründe abhängig war.

Arme in der Stadt

Um das soziale Ansehen der wirtschaftlich betrachtet untersten Bevölkerungsgruppe war es in religiöser Hinsicht recht gut bestellt: Arme, die Waisen im St.-Georgs-Spital und die unter Quarantäne stehenden »Sondersiechen« – Leprakranke – in den Siechhäusern bei St. Nikolaus und bei Heilig Kreuz waren von den Almosen der wohlhabenden Städter und

Durchreisenden existentiell abhängig. Die vermögenden Bürger wiederum sahen sich ob ihres Reichtums, besonders wenn er die Grenzen des jeweiligen Standesbedarfs – also die Erfüllung gesellschaftlicher, ökonomischer und militärischer Pflichten – überstieg, in einer moralisch zweifelhaften Lage, von der sie sich am elegantesten durch Almosen reinwaschen konnten. Dem mittelalterlichen »do-ut-des«-Prinzip, demzufolge die Gabe stets eine angemessene Gegengabe verlangte, waren auch die Almosenempfänger verpflichtet. Ihre Armut wertete man auch im religiösen Sinne als »Armut im Geiste« und stellte sie mit ihrer Lebensweise in unmittelbare Nähe des christlichen Lebensideals des Verzichts auf irdische Güter. Daher betrachtete man ihre Gebete für das Seelenheil der Almosenstifter als besonders wirksam und als die von ihnen erwartete Gegengabe.

Ratsverfassung

Die späten Regierungsjahre des alten Grafen von Henneberg und die von mehreren Vogtwechseln geprägte Etablierungsphase Markgraf Friedrichs des Strengen von Meißen ab 1353 präsentierten sich den führenden Bürgerfamilien der Stadt Coburg offenbar als Schwächeperioden der Landesherrschaft. Die schöffenbaren Familien der Stadt bildeten in dieser Zeit einen oligarchieähnlich geschlossenen sechsköpfigen Rat mit einem Bürgermeister heraus. 1343 war erstmals mit den »Sechs der Stadt zu Coburg« ein Vertretergremium genannt, mit dem jedoch erst um 1351 ein erster Bürgermeister erwähnt wurde. Mit der urkundlichen Anerkennung des »›Bürgermeisters‹ und [der] ›weisen und geschworenen Männer der Stadt Koburg‹« 1370 durch Markgraf Friedrich III. von Meißen war dieser Usurpierungsprozess abgeschlossen.

Die Coburger Zünfte wurden an den Entscheidungen des Stadtregiments bis in die zweite Hälfte des 15. Jahrhunderts nur in solchen Fällen beteiligt, »wenn sich der Rat in Grenzfällen seiner Tätigkeit der Zustimmung der ganzen Bürgerschaft

HINTERGRUND

DER »MOHRENKOPF« ALS BÜRGERLICHES STADTSYMBOL

Parallel zu dem machtpolitischen Prozess der Aneignung des Coburger Stadtregiments durch die bürgerliche Oberschicht prägten die Coburger Münzmeister – eine der schöffen- und ratsfähigen Familien – kurz nach 1353 auf ihre Pfennig-Münzen nicht nur einseitig den »Meißner Löwen«: Der nach links schreitende, einschwänzige schwarze Löwe auf goldenem Grund war das offizielle, von den Landesherren bestimmte Siegel- und Wappenbild der Haupt- und Landstädte des *fränkischen Ortlandes*, Coburg, Rodach und Neustadt. Auf die Rückseite der Pfennige prägten sie eigenmächtig den Kopf des heiligen Mauritius, des Patrons der Pfarrkirche, für deren Bau die Bürgerschaft zuständig war. Die Übernahme des »Stadtheiligen« als zweites, bürgerliches Stadtsymbol ist originärer Ausdruck des kommunalen Selbstbewusstseins gegenüber dem Landesherrn.

Nachdem der Markgraf von Meißen 1370 die Ratsverfassung anerkannt hatte, verwendete man seit dem 16. Jahrhundert im städtischen Verwaltungsbetrieb neben dem »großen Stadtsiegel« mit dem Löwen den »Mohrenkopf« als »kleines Siegel«. Dies stellte einen zweiten wichtigen Schritt zur Etablierung des heiligen Mauritius als bürgerliches Stadtsymbol dar. Schon vor der Einführung des Siegels hatte die Stadt beispielsweise die Zinngießer ab 1493 verpflichtet, ihre aus »Probzinn« nach Nürnberger Norm hergestellten Produkte mit der Coburger Stadtmarke des »morenkopff« als Qualitätszeichen zu stempeln. Ab 1580 stellte der stereotyp als Afrikaner dargestellte Kopf des Stadtheiligen auch das Wappenbild dar.

versichern wollte.« Erst ab 1468 wurden sechs Handwerker zu »Ratsgenossen gekoren« und in den 70er- und 80er-Jahren nahmen Handwerker an der Vorlage und Übergabe der Stadtrechnung vom alten an den jährlich wechselnden neuen Rat teil. 1491 schließlich schlichteten Kurfürst Friedrich der Weise und sein Bruder, Herzog Johann der Beständige, einen umfassenden Streit zwischen dem Stadtregiment und der Gemeinde von Coburg. Ein wesentliches Ergebnis des urkundlich fixierten Verhandlungsergebnisses war die Erweiterung des Stadt-

Epitaph von Albrecht Bach, † 1441, im Südturm von St. Moriz, Coburg. Auf seinem Grabenkmal trägt der voll gerüstete Ritter Albrecht Bach eine Handtartsche, wie man die Pavesen auch nannte.

rates auf zwölf Mitglieder, zu denen nunmehr dauerhaft sechs Handwerksvertreter gewählt werden sollten.

Stadtverteidigung

Den aktiven Schutz der Stadt übernahmen die Bürger selbst, die – nach Stadtvierteln organisiert – die entsprechenden Mauerabschnitte verteidigten. Über das frühe 16. Jahrhundert hinaus stellten neben den Vierteln »in der Stadt« die Vorstädte am Steintor, Ketschentor, Judentor und die »Neustadt« »auf dem Steinweg« vor dem Spitaltor je eine Abteilung. Den drei bekannten Musterungslisten aus dem 15. und frühen 16. Jahrhundert zufolge hat die Mannschaftsstärke in diesem Zeitraum zwar beträchtlich zugenommen. Unterstützt wurde diese Miliz von angestellten »Schützen«, die neben ihrem militärischen Dienst auch die Reparatur und Neuherstellung etwa von Armbrüsten zu leisten hatten, wofür man sie gesondert bezahlte.

Für ihre Aufgebote im Zusammenhang landesherrlicher Kriegszüge hatte die Stadt eine eigene Rüstkammer angelegt. An mindestens einer dieser »Reisen« dürfte die Coburger Miliz teilgenommen haben: Albrecht Bach, Ratsmitglied und Hauptmann der städtischen Truppen, wurde anlässlich seines Abschieds aus den kommunalen Diensten für *sein willige dinst, dy er der stat manchfeldig gein Behem* (Böhmen) *und auch anderswohin hatt gethan* mit der stattlichen Summe von 300 Gulden gedankt. Es dürfte wohl einer der Kreuzzüge 1426 und 1431 des Reichs gegen die Hussiten gewesen sein, an denen Bach mit Coburger Kämpfern teilgenommen hat. Da in den seit 1839 an die Kunstsammlungen der Veste Coburg ausgeliehenen Beständen der städtischen Rüstkammer unter anderem eine Pavese – aufwändig gearbeitete Holzschilde mit Lederüberzug für Fußtruppen – mit alttschechischem Text enthalten ist, die mit ihren Einschusslöchern deutliche Kampfspuren trägt, kann angenommen werden, dass die Coburger Truppen diesen Schild in Hussitenkämpfen erbeutet und als Trophäe mitgenommen haben.

Insbesondere infolge der hussitischen Bedrohung Frankens seit 1426 hatte man die um den inneren Mauerring bereits bestehenden Gräben etwa am äußeren Ketschentor erweitert, das Schussfeld beeinträchtigende Häuser abgebrochen, die Zwingermauer im Bereich zwischen Steintor und innerem Ketschentor errichtet und wohl auch die äußeren Mauern am äußeren Ketschentor und vom Franziskanerkloster bis zum Heiligkreuztor gebaut.

1433, in der Spätphase der Hussitenkriege, wird auch die Armbrustschützengruppe der Coburger Bürgermiliz erstmals

WO LEBTEN DIE COBURGER SPIESSBÜRGER?
Dass im Jahr 1508 die Vorstadtbewohner – mit Ausnahme derer der Neustadt »auf dem Steinweg« – mit 11% der Bürger deutlich weniger Büchsenschützen aufwiesen als die der »Stadt« und der »Neustadt« mit 34%, zeigt nicht nur, wo die meisten Coburger *Spießbürger* mit ihrem geringeren Wohlstand im Spätmittelalter lebten. Die weniger aufwändige Bewaffnung legt auch nahe, dass die Vorstädte im Fall eines Angriffs gar nicht erst verteidigt worden wären. Der Hinweis aus dem Jahr 1440, demzufolge man »in der Hussenflucht« – wohl während des hussitischen Kriegszuges durch Sachsen und Franken 1429/30 – das Haus des Fritz Mulner »vor dem Judenthor an der stat graben hat abgebrochen«, stützt die Annahme, dass man auf eine intensive Verteidigung der Vorstädte keinen gesteigerten Wert gelegt und sich gleich auf den Schutz der inneren Stadt konzentriert hat.

erwähnt und hat sich fortan zur eigenständigen Schützengesellschaft formiert. Damit reiht sich die Coburger ein in die umfangreiche Reihe von Schützengruppen anderer Städte in Franken, Bayern, Sachsen und Schlesien: Gleich einem »Durchlauferhitzer« führten die Hussitenkriege mit den militärisch nötigen Schießübungen zur Entstehung ziviler Schützenvereine in den Regionen, die an das aufständische Böhmen grenzen – ein Zusammenhang, den der Nürnberger Stadtchronist just 1433 nach dem dortigen überregionalen Bartholomäus-Schießen zur Schlacht beim oberpfälzischen Hiltersried am 21. September des Jahres notierte. Dieser erste Sieg über die Hussiten läutete das Ende dieser Kämpfe ein. Die klassischen Disziplinen des Armbrustschießens entsprechen militärischen Anforderungen des Mittelalters: Der horizontale Schuss entspricht dem auf den Feind im Feld und der Abschuss auf die Silhouette des Holzadlers auf der Stange simuliert den Steilschuss auf einen Verteidiger der Burgmauerkrone.

Generell mussten die Bürger ihre Waffen und ihre Rüstung selbst stellen, wie aus dem Harnischregister von 1508 hervorgeht. Bis zu diesem Jahr hatte sich die Hakenbüchse als

Individualwaffe mit Fernwirkung als Ersatz der Armbrust durchgesetzt: Von den 462 Mann konnten in diesem Jahr bereits ein gutes Viertel, 125 Mann, eine »buchsen« ihr Eigen nennen. Die restlichen Bürger konnten lediglich Spieße, Helmbarten und Messer für den Nahkampf aufbieten.

Die Stadträte selbst schätzten 1487 die Bürgerschaft als bedingt abwehrbereit ein. Nach einem spektakulären Schlag gegen die Türken hatte König Matthias I. Corvinus von Ungarn 1485 Wien und Niederösterreich besetzt und bedrohte nun die wettinischen Besitzungen in Schlesien. Auch Kurfürst Friedrich III. von Sachsen und sein Bruder, Herzog Johann, sahen ihr Territorium in Gefahr und riefen deshalb für den 14. Oktober des Jahres einen Landtag nach Naumburg ein. Um eine Übersicht der eigenen Kampfkraft zu bekommen, forderten sie die Stände und Städte zur schleunigsten Berichterstattung auf, der die Coburger Stadträte unverzüglich mit ihrem Schreiben vom 19. Oktober 1487 nachkamen. Ihre »Harnasch«-Besichtigung, also die Musterung der Bürger nach körperlicher Kampftauglichkeit sowie der Bewaffnung, veranlasste sie zur Meldung der mit 410 Kriegstauglichen als zu gering eingeschätzten »Macht«. Sie versäumten auch nicht, ihre Landesherren auf den Grund der Verteidigungsschwäche Coburgs hinzuweisen, was offenbar bereits wiederholt geschehen war: 93 Einwohner – wohlhabende Handwerker und Kaufleute – hätten kein Bürgerrecht angenommen und wären deshalb nur zur Leistung der landesherrlichen Frondienste verpflichtet. Mit ihnen aber, die sich auch eine Kampfausrüstung der gehobenen Klasse leisten könnten, hätten die städtischen Truppen offenbar eine Mannschaftsstärke erreicht, die der Stadtrat als ausreichend betrachtet haben dürfte.

Modernisierung der wachsenden Stadt

Anfang des 15. Jahrhunderts verlegte man das Rathaus vom Kirchhof in das neue, 1414 fertiggestellte Gebäude an der Südseite des Marktes, in dem noch heute die »Regimentstube« als Zentrum der kommunalen Verwaltung fungiert.

Gegenüber, an der Nordseite des Marktes, befand sich mit dem Kaufhaus das wirtschaftliche Zentrum der Stadt. 1438 wurde das alte durch ein größeres Kaufhaus ersetzt. Neben den Bäckern und Metzgern erhielten die wirtschaftlich bedeutendsten Gewerbe der Stadt, die Schuster, Schneider und Kürschner, Läden im Kaufhaus, während die Gerber und Tuchmacher ihre Waren auf dem Markt feilboten.

Die anderen Anlieger des zentralen Marktes waren die Bier-, Wein- und Tuchhandel treibenden bzw. als Münzmeister tätigen führenden Familien. An den übrigen Seiten des Platzes standen ihre Fachwerkhäuser, die mit den rückwärtig gelegenen, steinernen Kemenaten nicht nur den Wohlstand der Besitzer repräsentierten, sondern auch einen wirkungsvollen Schutz etwa vor ausbrechendem Feuer boten.

Mauritius-Skulptur an St. Moriz, 15. Jahrhundert. Sie wurde 1937 durch eine Kopie ersetzt.

Die Handwerker saßen in den Gassen, die zum Markt führten. Ab dem 15. Jahrhundert lassen sich räumliche Schwerpunktbildungen erkennen: Die Metallhandwerke hatten sich vorwiegend am vorstädtischen Steinweg niedergelassen, was auf frühe Brandschutzmaßnahmen schließen lässt. Die Gerber und Weber siedelten sich wegen ihrer wasserintensiven Tätigkeit im Umfeld des Hahnflusses an, was auch für die Müller gilt.

Die Altstadt Coburgs ist bis heute vom Fachwerk der Bürgerhäuser geprägt, auch wenn die verputzten Fassaden auf

HINTERGRUND

DER REICHSPATRON MAURITIUS ALS »ECKSTEIN« DER NEUEN KIRCHE

Der Bau der Morizkirche gliedert sich in drei Abschnitte: Dem um 1395 vollendeten Chor folgte ab 1450 die Westfassade und erst ab 1520 wich das romanische Langhaus der spätgotischen Halle. Zwischen die beiden Türme von St. Moriz sind zwei Strebepfeiler gesetzt, die die trichterförmig nach innen verjüngte Nische des Stufenportals bilden. Über dem Portal sind links der heilige Mauritius mit einer Kopie der Heiligen Lanze und rechts der heilige Benedikt aufgestellt. Damit sind hier die Repräsentanten der Institutionen platziert, die in vorreformatorischer Zeit für die Coburger Pfarrkirche verantwortlich waren: Die Stadtgemeinde, die sich durch den Kirchenpatron symbolisch repräsentierte, war für den Bau und dessen Unterhalt zuständig und die Saalfelder Mönche des durch Benedikt von Nursia gegründeten Ordens hatten die geistliche und seelsorgerische Betreuung der Kirche und der Gemeinde zur Aufgabe.

Die beiden Strebepfeiler geben dem Hauptportal die architektonische Gestalt und zugleich sehr pragmatisch die statische Stabilität. Genau an dieser prominenten Stelle hat man Mauritius und Benedikt als symbolische Form der Ecksteine, der wichtigsten Fundamentbestandteile des gesamten Kirchenbaus, positioniert.

den ersten Blick nicht die dahinter liegenden Balkenkonstruktionen erkennen lassen. Zumal schmuckvolle Fachwerke waren im Spätmittelalter beim selbstbewussten Bürgertum modern. Bislang ist nur Wenigen bekannt, dass etwa die 1444 errichtete Fachwerkfassade des »Münzmeisterhauses« Ketschengasse 7 die älteste Form »Andreaskreuzes« zeigt, hier geformt mit den statisch bedeutsamen Fußstreben. Bemerkenswert ist auch das ornamentale Muster der als »Feuerböcke« geschwungenen Andreaskreuze in der Nordfassade des Hauses Markt 11: Hier ist deutlich das von gotischen Steinbauten bekannte Ornament des Dreipasses erkennbar.

Fassade des Hauses am Markt 11 (linkes Gebäude).

Stadt »am Tropf« des Landes

Die Realisierung des Plans einer lebensfähigen Stadt, der von den Hennbergern begonnen und von den Wettinern fortgesetzt wurde, setzte nicht nur den kontinuierlichen Zuzug von Neubürgern, sondern natürlich ebenso die nachhaltige Versorgung mit Roh- und Werkstoffen voraus. Insbesondere die dauerhaften Holzlieferungen stellten im vorindustriellen, »hölzernen« Zeitalter eine nicht hoch genug einzuschätzende Voraussetzung der vitalen Stadtentwicklung dar, denn abgesehen von den Stadtmauern, Kirchen-, Kloster- und einigen Kemenatenbauten waren die Häuser der breiten Bevölkerung bis auf die Keller und Grundmauern weitestgehend aus Holz zusammengesetzt.

Der bisherigen Erkenntnis zufolge hatte die Stadt Coburg jedoch kaum eigenen Wald: Dem »Grundriß der Coburger

Beispiel für ein Maßwerk des Dreipasses.

Ratshölzer«, einer Forstkarte von 1792, zufolge umfasste das »Gemeinde Stadt-Holz« am Kropfweihers unterhalb des Callenberger Schlosses mit 289 Acker gerade mal 83,7 Hektar. Daher war es von existenzieller Bedeutung, die umfangreichen, weiter entfernten Waldflächen der »sächsischen Ortlande in Franken«, die im Sonneberger Bereich am südlichen Thüringer Wald lagen, auch für die Versorgung der Stadt zu nutzen. Offenbar transportierte man das Bau-, Brenn- und Geräteholz vorwiegend auf den Wasserwegen der Itz und ihrer Nebenbäche auf den Floßanger am nördlichen Stadtrand. Nur so konnte beispielsweise in kurzer Zeit die große Holzmenge für den Wiederaufbau der im Frühjahr 1466 weitestgehend abgebrannten Steinweg-Vorstadt herangeschafft werden. Bereits 1487 waren 120 der Fachwerkhäuser neu errichtet und bewohnt.

Das spätmittelalterliche Coburg darf man sich als ausgeprägte Ackerbürgerstadt vorstellen, deren Einwohner neben ihrem handwerklichen oder kaufmännischen Hauptberuf auch Garten- und Landbau, Viehhaltung sowie den Anbau von Sonderkulturen wie Hopfen und Wein ausübten. Die häufigen

Nennungen von *haus und hofreyde*, also von Wohn- und Gewerbehaus samt Gehöft, in der Innenstadt lassen ein Bild des mittelalterlichen Coburg entstehen, das von Pferden, Rindern, Ziegen, Schweinen, Hunden und Geflügel geprägt ist und eher einem Großdorf ähnelt. Dazu gehörten natürlich auch die häufig vor den Häusern gelagerten Misthaufen, die die Passage der Gassen zu einem »Slalomlauf« geraten ließen.

Gärten mit den pflegeintensivsten und temperaturempfindlichsten Kulturen von Gemüsen und Kräutern legten die Coburger nur dann in den rückwärtigen Bereichen ihrer Haus- und Hofgrundstücke an, wenn diese genügend Platz und Licht boten. Das war offenbar vor allem an der Stadtmauer der Fall. Die meisten Gärten fanden sich wohl auf der Sonnenseite vor dem Ketschentor, wo sie gegen Fraßschäden durch Wild- und weidende Haustiere eingezäunt waren.

Die überschwemmungsbedingt eher feuchten Auwiesen an der Itz westlich, nördlich und südlich der Stadt wurden zur »Grasweide« für Rinder genutzt. Der »Anger«, das namentlich bekannteste Beispiel dieser Flächen, war noch im frühen 20. Jahrhundert Wiese.

Äcker für den Anbau von Getreide befanden sich an höher gelegenen, überschwemmungsfreien Stellen am Hangfuß des Burgberges, am Galgenberg, dem heutigen Marienberg, am Eckardsberg und auf den Höhen westlich der Stadt, deren Namen wie Himmels- und Plattenäcker noch heute an die historische landwirtschaftliche Nutzung erinnern.

Hopfen als Bitterstoff zur Bierkonservierung scheint man nur sehr eingeschränkt angebaut zu haben, wofür die wenigen Nachrichten sprechen: So ist lediglich von dem »Hopfgart« jenseits der Eichenbrücke die Rede. Den Standortansprüchen dieser kultivierten Schlingpflanze entsprechend dürfte also der frische und nicht zu stark besonnte Hangfuß des westlichen Itzufers etwa an der Stelle, wo heute das Hofbrauhaus steht, genutzt worden sein.

Den ungleich häufigeren Wein-Belegen zufolge gehörte Coburg im Spätmittelalter noch nicht wie heute zu »Bier-Franken«, sondern war dank der offenbar ertragreichen Lagen am

Mühlberg (heute Judenberg), am Burgberg vor dem Steintor und am Eckersberg (heute Eckardtsberg) eine Weinstadt. Das Klima des Spätmittelalters war vor dem Einsetzen der »kleinen Eiszeit« des 16. Jahrhunderts noch so warm, dass sich hier der Weinanbau lohnte.

In der Zusammenschau deuten die Belege darauf hin, dass die Coburger Bürger der unteren und mittleren Schichten wohl eher kleinere Flächen für die Eigenversorgung bewirtschaftet haben, die einen Umfang von wenigen Tagwerken hatten. Nur die klösterlichen und karitativen Institutionen und die den städtischen Ton angebenden Familien, die wie die Münzmeister zum Teil in die Adelsschicht aufgestiegen waren, hatten umfangreicheres, lehenbares Grundeigentum, von dem sie Erträge als Abgaben der Grundhörigen erhielten ohne die eigene Hand an den Pflug gelegt zu haben.

Ernährung

Was man in Coburg im späten 15. Jahrhundert gegessen hat, ist zum einen dem Verpflegungsplan für Werkleute aus der sächsischen Landesordnung von 1482 und zum anderen dem Speiseplan des Coburger Spitals von 1498 zu entnehmen. Vergleicht man beide Auflistungen, so fallen die häufigen Fleischspeisen der Arbeiter im Gegensatz zu den wenigen der Spitalinsassen auf: Konnten die Arbeitspflichtigen an den potenziellen ca. 230 Fleischtagen im Jahr mit je zwei Fleischgerichten pro Woche rechnen, so mussten sich die Coburger Spitalpfründner mit nur einem Fleischgericht begnügen, das ihnen an den ca. 96 Sonn- und Donnerstagen außerhalb der 40-tägigen vorösterlichen Fastenzeit zubereitet wurde. Mit schätzungsweise 25 kg konnten die St.-Georgs-Pfründner gerade mal ein Viertel der jährlichen Fleischmenge verspeisen, die den Werkleuten zustand. Dabei dürfte es den Hospitaliten im Vergleich zum Gros der Coburger noch gut gegangen sein.

Die Hauptlieferanten tierischen Eiweißes und Fettes für die Coburger Spitalinsassen waren *itzliches rindt oder schwein, das in dem spitalhoff abgethan wird*. Da dem mittelalterlichen Sprichwort zufolge »im Wald die besten Schinken wachsen« und das St.-Georgs-Spital mit knapp 90 Hektar mehr eigenen Wald als die Stadtgemeinde hatte, haben die Pfründner auch mehr Schinken bzw. Schweinefleisch als die Städter essen können. Vor diesem Hintergrund ist es nicht verwunderlich, dass die »Coburger Bratwurst« ihre erste Erwähnung ausgerechnet in der Speiseordnung des St.-Georgs-Spitals von 1498 fand.

Wildfleisch kommt in dieser Speiseordnung nicht vor, wohl aber werden Fische aufgeführt, von denen auch gleich die Herkunft, der See im Kürengrund, genannt wird. Er lag unterhalb der spitaleigenen Schäferei. Da dieser Weiher alljährlich abgefischt, also im Herbst abgelassen und der gesamte Besatz geschlachtet wurde, ist davon auszugehen, dass das Georgenspital dort eine regelrechte Fischzucht betrieben und den Ertrag auf den lokalen Markt gebracht hat. Eine andere größere Fläche zur Fischzucht bot sich mit den Wassergräben um die Stadtmauer an, die nach den Toren benannt und ab 1462 in zwölfjährigen Perioden an Fischer verpachtet worden sind.

Die beiden anderen Gerichte der Spitalpfründner, *gut gemueß* und *milchsuppe* mit meist altbackenem, bis zu 14 Tage altem Brot, werden lediglich gesalzen und mit Schweinefett geschmalzt gewesen sein. Ob das zum Frühstück servierte »gute Gemüse« lediglich aus eintönigen Erbsen- und Getreidemusen bestanden hat, ist nicht zu klären. Erbsen waren am Ende des 15. Jahrhunderts die einzige Sorte einheimischen Gemüses, die neben den Getreidesorten Roggen, Weizen, Hafer, Gerste und Dinkel etwa auf dem landwirtschaftlichen Gut der Coburger Propstei in Walbur in nennenswerter Menge mit ca. einem Zentner Jahresertrag pro Hektar angebaut wurde. Anzunehmen ist auch, dass das Spital Gemüsesorten, die wegen des schlechteren Coburger Klimas im eigenen Wirtschaftsbetrieb nicht angebaut werden konnten, von Bamberger Gärtnern auf dem Markt zugekauft hat. Die Erwerbsgärtner aus der klimatisch begünstigten Bischofsstadt an der Regnitz haben seit dem 15. Jahrhundert neben dem Markt auch die Coburger Hofküchen mit ihrem Gemüse beliefert und so die Mahlzeitenpläne deutlich bereichert.

Da mittelalterliche Kochrezepte vorrangig aus Oberschichtkreisen überliefert sind, ist keine sichere Aussage zur Zubereitung der allabendlichen »milchsuppe« möglich. Es kann jedoch angenommen werden, dass sie ähnlich gekocht wurde wie es heute noch in der ländlichen unterfränkischen Küche üblich ist: »Spatzen«, maximal kleinfingergroße Würste aus einem Nudelteig aus Mehl, einem Ei und Salz, werden in gesalzener, leicht mit Wasser verdünnter Milch gekocht.

Getränke

Die Bestimmung der Spitalspeiseordnung, der zufolge die Pfründner *alle wochen zum mynsten ein mal schotten und schlegelmilch* zu bekommen hatten, verweist auf die Bedeutung der Milchwirtschaft im späten Mittelalter: »schotten« bedeutet Molke bzw. Quark von süßer Molke und »schlegelmilch« steht für unsere heutige Buttermilch. Dies zeigt, dass man in der Eigenwirtschaft des St.-Georgs-Spitals so viele Kühe hatte, dass genügend Milch vorhanden war, um Butter und Sauermilchprodukte wie Käse zu produzieren, und dass deren Abfallprodukte Molke und Buttermilch mindestens für ein Getränk pro Woche und Pfründner ausreichten.

Das *newberisch pir* (Nachbarschaftsbier) stellten in Coburg die brauberechtigten Haushalte her, die es zum Teil auch auf den lokalen Markt brachten. Den Quellen zufolge dürfte Bier jedoch weder in der Stadt Coburg noch auf dem Land ein Alltagsgetränk der kleinen Leute gewesen sein.

Zunächst gab es sogenannte Grutbiere, die man nicht durch Hopfen gebittert und somit haltbar gemacht hatte: Vorrangig die Blätter des Gagelstrauches (Gagel, auch »Grut« genannt) waren Bestandteil der Gewürzmischungen, die den Geschmack des schwach vergorenen, bitter-süßlichen und kohlensäurearmen Gebräus aus Malz und Wasser prägten und außerdem berauschende Wirkung besaßen.

Im Gegensatz zu dem in Coburg wohl spätestens seit dem ausgehenden 14. Jahrhundert auch gebrauten Hopfenbier barg das Gagelbier jedoch mit der Gefahr der Erblindung eine nicht zu unterschätzende Nebenwirkung bei übermäßigem Genuss.

Wein baute man in den Jahrzehnten um 1500 vorrangig in Coburg, Mönchröden, Niederfüllbach, Weitramsdorf, Gauerstadt, Oberlind, Judenbach, Unterlauter, Ketschendorf, Creidlitz, Roth am Forst und auf propsteieigenen Flächen um Königsberg an. Bei den lokalen Weinen gab es durch den Verkaufspreis unterschiedene Qualitätsgruppen, die 1491/92 zu 12, 14 und 16 Pfennigen pro Maß verkauft wurden. 26 Jahre später ist eine stärkere Preis- und wohl auch Qualitätsdifferenzierung festzustellen: Die Schankweine der Wirte werden mit 10 bis 19 Pfennigen pro Maß angegeben. Wein wurde auch an die Coburger »burgleute« ausgeschenkt. Das Quantum von durchschnittlich 1,5 Litern pro Woche deutet an, dass die hier genannte Mannschaft der seinerzeit noch nicht zur Landesfestung erklärten Burg nur aus wenigen Männern bestanden haben kann.

Besondere Sorten wie Malvasier, Franken- und Elsässer Wein kamen nur auf den Ratstisch, wenn der Landesherr selbst oder sein als lokaler Statthalter eingesetzter Pfleger einen offiziellen Termin wie Rechnungsabnahme oder Antrittsbesuch bei der Stadtverwaltung wahrzunehmen hatten.

Alantwein und *sußwein* erhielten die *drei marien am karfreitag zu der klag* alljährlich mit »bretzen« für ihren Auftritt am »Heiligen Grab«. Diese Getränkebezeichnungen verraten, dass man den Geschmack des Weins durch Gewürze deutlich veränderte. Als Süßstoff, der sowohl in der römischen Antike als auch im Mittelalter süßsauren Speisen beigemengt wurde, verwendete man den süßen Wurzelwirkstoff Inulin des Echten Alants (Inula helenium), der noch bis ins frühe 20. Jahrhundert in Thüringen kultiviert worden ist.

Wein war übrigens in der damaligen Zeit – ebenso wie das (Dünn-)Bier – nicht nur Genussmittel im heutigen Sinne, sondern auch Alltagsgetränk, dessen Konsum – in Maßen – gleichzeitig Krankheitsvorsorge bedeutete. Dass verschmutztes Brunnenwasser eine wesentliche Ursache individueller und epidemischer Krankheiten sein konnte, ahnte man zumindest. Dem hygienischen Problem konnte man tatsächlich mit zwei unterschiedlichen Methoden beikommen. Erstens: Durch Zugabe von Wein oder Bier alkoholisierte man das Brunnenwasser schwach, senkte so den Bakteriengehalt drastisch und hatte nun immerhin weniger gesundheitsgefährendes Trinkwasser. Zweitens: Der Bau von hölzernen Röhrenleitungen zu den neu angelegten Laufbrunnen auf den öffentlichen Plätzen führte vergleichsweise sauberes Quellwasser von außerhalb in die Stadt – ein Standard, der in Coburg erst im 15. Jahrhundert eingeführt wurde, jedoch bis zum Bau der modernen Hochdruckwasserleitungen um 1900 Bestand hatte.

Die Coburger Innenstadt besaß eine ganze Reihe von öffentlich zugänglichen Brunnen in der Ketschengasse, Rosengasse, Steingasse, Spitalgasse, den Queckbrunnen am Spitaltor, den Kindlesbrunnen, den Rathausbrunnen und den Brunnen im Kirchhof. Vor der Stadt lagen der Queckbrunnen am Steintor, der Steinbrunnen, der Radebrunnen, der Hopfengartenbrunnen an der Itz und der Habichtsbrunnen am Ahornberg.

Hygiene

Coburg unterschied sich in seinen hygienischen Verhältnissen nicht von anderen Städten des Spätmittelalters: In der zunehmend dichter werdenden Bebauung mit Wohnhäusern, Werkstätten, Kaufhäusern und landwirtschaftlichen Gehöften lagen die privaten, von mehreren Haushalten genutzten, grundwassergespeisten Ziehbrunnen in den Höfen häufig in unmittelbarer Nachbarschaft zu Misthaufen und Abtritten. Durch die Pflasterung der Höfe und Gassen versuchte man zwar dem Grundproblem der räumlichen Verflechtung innerstädtischer Ver- und Entsorgung Herr zu werden, aber spätestens ertrunkene Katzen, Ratten und anderes Getier vergifteten die Brunnen tatsächlich.

Die rechtlichen Auseinandersetzungen im Zusammenhang mit einigen dieser Brunnen, besonders privater Hausbrunnen, lassen allenfalls erahnen, dass man sich ihrer zwei-

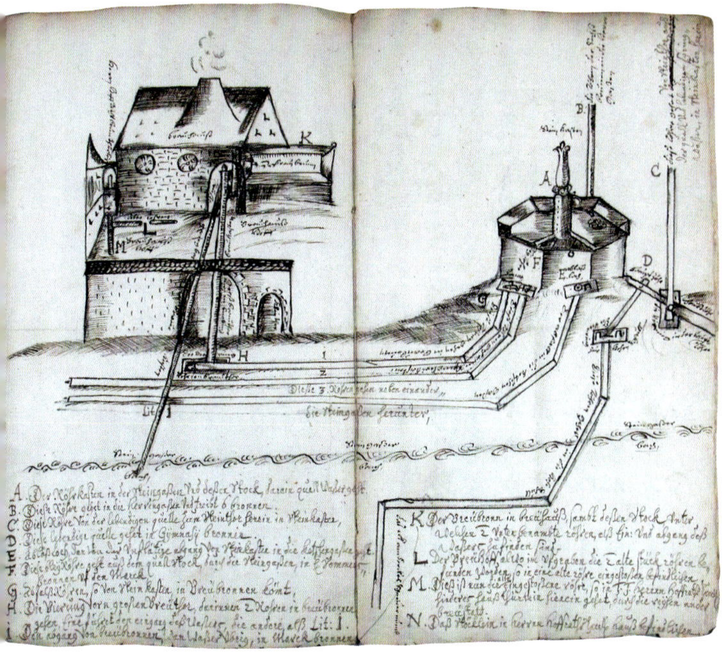

Der „Closter Casten“, der heutige Rückert-Brunnen, 1670 als Verteilerstation der hölzernen Wasserleitungen für die Laufbrunnen der Steingasse, des Marktes und der Ketschengasse. Seit der Mitte des 15. Jahrhunderts bemühte man sich in Coburg mittels dieser Versorgungstechnik um sauberes Wasser.

felhaften Wasserqualität bewusst war: So vereinbarten die zwei am Brunnen des Heinz Especher berechtigten Anwohner 1407, mit dem Eigentümer gemeinsam den Brunnen *redlichen fertigen und ganghaft* [zu] *fegen*, damit das Wasser rein gehalten und der Überlauf durch den Traufgang zwischen den Häusern ablaufen könne.

Im Lauf der Zeit nahm die Verdichtung der Bebauung zu. Viehställe und die Stadel für Getreide- und andere Vorräte hatten in der Stadt, die Großburg und Konglomerat von Wohnhäusern, Werkstätten, Kaufhäusern und landwirtschaftlichen Gehöften gleichermaßen war, in Kombination mit diesen unzureichenden hygienischen Verhältnissen ein Biotop für Ratten und ähnlich unerwünschtes Getier geschaffen.

DER ABORT UND DAS »EWIGE GEDÄCHTNIS«

Plastischer als im vorherigen Fall erscheint die hygienische Situation in einem 1413 beigelegten Streit, der ebenfalls durch das Stadtarchiv im sogenannten ältesten Stadtbuch Coburgs überliefert ist: Man hatte sich gestritten *von der hofreyd wegen zwischen i*[hne]*n allen, da der brunne uf stet, und von des gemachs, der privet, wegen, da si alle drey recht zu haben.* Die Anwohner nutzten nicht nur den Hof und den Brunnen gemeinsam, sondern auch den Abtritt, mit dessen Privatheit es nicht so weit her war, wie seine Bezeichnung nahelegte. Diese für uns Menschen des 21. Jahrhunderts unvorstellbare gemeinschaftliche Nutzung des »heimlichen Gemachs« war nicht nur in Coburg keine Besonderheit. Um zukünftigen Verunreinigungen vorzubauen, sollte nun der Hof gepflastert, zukünftig *»schön [ge]halten und keiner wider des andern willen* [... Nachttöpfe, Essensreste, Müll etc.] *darin schüten«*. Man vermag sich lebhaft den gemeinschaftlich produzierten, stinkenden Morast vorzustellen, von dem wohl nicht nur dieser Hinterhof, zumal während Schlechtwetterperioden, geprägt war. Auch das Nachbarschaftsgezänk um die Urheberschaft dieser offenbar schon damals als unerträglich empfundenen Missstände klingt dem Leser dieses Stadtbucheintrags im Ohr, um deren Abstellung willen man das *also zu eim ewigen gedehtnizze in der stat buch geschriben hat.*

Ob es um die Gesundheit der Hof-, Abort- und Brunnengemeinschaft nach diesem Vertrag besser bestellt gewesen ist, sei dahingestellt. Die Regelung, dass in den Rinnen der Traufgänge zwischen den Häusern die in den Hof oder auf des Nachbars Dach ausgegossene *flüz und unflat* [...] *sol einen usganck haben in der* [...] *Steingasse*, verlagerte das Hygieneproblem mit dem passiven Abtransport vom privatrechtlichen in den öffentlich-rechtlichen Bereich, wo ihm ebenfalls durch Straßenpflasterung sowie mittels des *Steingaßerbachs* beizukommen versucht wurde.

Epidemien wie die Pest als katastrophalste Form waren die unausweichliche, aber nicht damit in Verbindung gebrachte Folge. Die Juden hatten indirekt unter der misslichen Reinlichkeit ihrer christlichen Nachbarn zu leiden. Diese hatten um 1350 vielerorts beobachtet, dass die Juden nicht so häufig wie sie selbst Opfer der Pest wurden. Dass dies wohl unter anderem mit der rituell geforderten Sauberkeit zusammenhing, war ihnen nicht klar. Aus Angst vor der Pest haben die Coburger 1349 gewissermaßen prophylaktisch ihre jüdischen Nachbarn verfolgt, ermordet und vertrieben. Motiviert war dieses wie andernorts stattfindende Pestzeit-Massaker wohl durch die Unterstellung der Brunnenvergiftung und durch den Wunsch, qua Ermordung der Gläubiger die Schulden bei den geldverleihenden Juden mit einem Schlag zu tilgen. Das aus Quarantänegesichtspunkten vor der Stadt wohl schon vor 1291 angelegten St.-Georgs-Spital konnte endogene Epidemien der Stadt ebenso wenig verhindern wie die im 15. Jahrhundert gegründeten Siechhäuser bei Heiligkreuz und St. Nikolaus, die Kranke von der Stadtbevölkerung fernhalten sollten.

Selbst der Friedhof um St. Moriz wurde im Lauf der Zeit zu eng, so dass 1494 mit dem Salvatorfriedhof an der südöstlichen Stadtmauer eine neue Begräbnisstätte »für den christlichen und ehrlich gestorbenen Teil« der Coburger eröffnet werden musste. Selbstmörder und Verbrecher bekamen in unmittelbarer Nähe zum Salvatorfriedhof ihren »Arme-Sünder-Gottesacker«. Die Juden hatten seit jeher ihren eigenen Friedhof, der in mittelalterlicher Zeit vor dem Judentor etwa an der Stelle des Anwesens Judengasse 48 lag.

Zentrum der protestantischen Pflege Coburg im Zeitalter der Konfessionskriege

Martin Luther in Coburg

Nachdem 1517 der Augustinermönch und Theologieprofessor Dr. Martin Luther (1483–1546) in Wittenberg seine Thesen zur Ablasspraxis und zur »Reform an Haupt und Gliedern« der »katholischen« (allgemeinen) Kirche veröffentlicht hatte, unterstützten viele Städte und vor allem der sächsische Kurfürst die neue Lehre. Die Stadt Coburg schloss sich nach der Installierung des Predigers Balthasar Düring 1521/22 an St. Moriz, der Luthers Lehre als »Reformator des Coburger Landes« verbreitete, dieser Bewegung an. 1524 genehmigte Herzog Johann der Beständige (1468–1532), der unter seinem älteren Bruder, Kurfürst Friedrich III. dem Weisen (1463–1525), vom Coburger Berg-»Schloss« aus das ernestinische Kurfürstentum mitregierte, den Gottesdienst dem lutherischen Ritual entsprechend zu halten. Bis 1528/29 gehörte Coburg als Sitz eines Landkapitels zum Bistum Würzburg. Seit der in diesem Jahr durchgeführten, protestantisch orientierten Kirchen- und Schulvisitation war auch in der Pflege Coburg der Landesherr als zunächst provisorischer Bischof auch Oberhaupt der evangelisch-lutherischen Landeskirche.

Im April 1530, als der zum Kurfürst gewordene Johann der Beständige mit Philipp Melanchthon, Martin Luther und anderen Coburg passierte, um auf dem Augsburger Reichstag die Sache der Reformation zu vertreten, ließ er Luther hier zurück, der als kaiserlich Geächteter und päpstlich Gebannter außerhalb des ernestinischen Territoriums in akuter Lebensgefahr gewesen wäre. Der Reformator, zunächst gar nicht einverstanden, fügte sich in dieses Los, predigte an den Osterfeiertagen zunächst einige Male in der Morizkirche und bezog dann sein Quartier in der Steinernen Kemenate des Schlosses auf dem Berg für die Zeit vom 15. April bis zum 4. Oktober, wo er die

Georg Balthasar von Sand (~1652-1718): Verlesung der Augsburgischen Konfession 1530, Gemälde um 1717?

Isolation des »Reichstages der Dohlen« verfluchte, aber auch wie besessen arbeitete: Mehr als hundert Briefe schrieb er nach Augsburg und an seine Familie, außerdem arbeitete er an der Übersetzung der Äsop'schen Fabeln und an einer Reihe theologischer Druckschriften.

Wegen dieses Aufenthalts Luthers in Coburg in jenen Monaten, während derer auf dem Reichstag die sogenannte »Augsburgische Confession« – die zentrale theologische Basis der evangelisch-lutherischen Kirche – am 25. Juni 1530 vor Kaiser Karl V. verlesen wurde, gelten die städtische Morizkirche und die Burg über Coburg seither als zentrale Lutherstätten, die – gleich Wallfahrtsstätten – schon bald religiöse Verehrer anzogen. Das angebliche Bett des Reformators, das bis 1909 in der »Luther-Stube« der Kunstsammlungen auf der Veste zu bewundern war, hatte dabei eine besondere Bedeutung in der protestantischen Volksfrömmigkeit: Man ging davon aus, dass die Späne dieses Bettes Zahnschmerzen vertreiben würden. Die

Folge davon war, dass man im frühen 20. Jahrhundert das stark in Mitleidenschaft gezogene, unansehnlich gewordene Bettgestell aus der Ausstellung nehmen musste.

Ernestinische Katastrophen nach 1531

Weil die »Augsburgische Confession« die Spaltung der Kirche manifestiert hatte, sahen sich die protestantischen Städte und Reichsstände angesichts der Bedrohung durch die katholischen Kräfte um den Kaiser gezwungen, sich zu verbünden. Bereits 1529 hatten elf protestantische Reichsstände mit dem »Rodacher Abschied« den gegenseitigen Beistand verabredet, was zwei Jahre später in Form des »Schmalkaldischen Bundes« unter Führung von Kurfürst Johann dem Beständigen ausgebaut wurde. Im selben Jahr 1531 wurde auf dem Torgauer Landtag beschlossen, das bisherige Schloss Coburg in Besserung zu nehmen, lag es doch als südlichste Burg einem Brückenkopf gleich nahe an den Grenzen zu den katholischen Hochstiften Bamberg und Würzburg.

Nach dem Tod Johanns des Beständigen 1532 regierten dessen Söhne, Kurfürst Johann Friedrich I. von Sachsen (1503–1554) und Herzog Johann Ernst von Sachsen (1521–1553), zehn Jahre lang gemeinsam. Johann Friedrich I. hatte sich als Älterer die Oberhoheit vorbehalten. 1542 volljährig geworden, wählte Johann Ernst zunächst die Veste Coburg als Residenz und zog dann 1549 nach dem Umbau des leer stehenden Franziskanerklosters zur »Ehrenburg« um.

Der Kaiser führte gegen den Schmalkaldischen Bund 1546/47 den gleichnamigen Krieg. Obwohl ebenfalls protestantischer Konfession, beteiligte sich der in Dresden residierende albertinische Herzog Moritz von Sachsen (1521–1553) auf der kaiserlichen Seite an der Auseinandersetzung. Nachdem die evangelisch-lutherischen Reichsstände den Krieg 1547 verloren hatten, wurde einer ihrer Anführer, Kurfürst Johann Friedrich I. von Sachsen, geächtet, für fünf Jahre in kaiserliche Haft genommen, ihm die Kurfürstenwürde und ein Großteil der bisherigen ernestinischen Lande zugunsten der bisher herzoglichen und

Veste Coburg von Nordosten: Die Hohe Bastei wurde 1531 errichtet und befestigt, damit Feinde nicht vom nahen Bausenberg aus den östlichen Burghof einsehen und beschießen konnten – Ansichtskarte um 1900.

nunmehr albertinischen Linie der Wettiner aberkannt. Daher ist das heutige Sachsen deutlich größer als Thüringen. Diese zentrale Katastrophe ihrer Geschichte haben die Ernestiner in den folgenden Jahrzehnten versucht zu revidieren und wollten sich bis ins 20. Jahrhundert hinein mit der zurechtgestutzten deutschlandpolitischen Nachrangigkeit nicht abfinden.

Herzog Johann Friedrich II. der Mittlere von Sachsen (1529–1595), der älteste Sohn Johann Friedrichs I., regierte ab 1554 in Gotha. Er wollte die Erniedrigung seines Vaters von 1547 nicht hinnehmen, versammelte an seinem Hof revoltenbereite, politische Hasardeure und machte den in die Ermordung des Würzburger Bischofs Melchior Zobel 1558 verwickelten und 1563 geächteten Wilhelm von Grumbach zum herzoglichen Rat. Da Johann Friedrich sich weigerte, Grumbach auszuliefern, verfiel er 1566 selbst der Acht. Kaiserliche Truppen unter dem albertinischen Kurfürsten August von Sachsen besetzten Gotha 1567, vierteilten Grumbach und den herzoglichen Kanzler Brück vor Ort und setzten den Herzog in lebenslange Haft in Österreich.

„Ware und aigentliche Historia …“: Coburg um 1560, Holzschnitt.

Residenzstadt des Herzogs Johann Casimir von Sachsen-Coburg

Nach einer weiteren, vom vormachtbewussten, albertinischen Hof in Dresden angestrengten Teilung des ernestinischen Territoriums im Jahr 1572 erhielten die Söhne Johann Friedrichs II., der ältere Johann Casimir (1564–1633) und der jüngere Johann Ernst (1566–1638), den coburg-eisenachischen Teil, der wegen ihrer Minderjährigkeit bis 1586 vom Vormund Kurfürst August regiert wurde. Zur Verfestigung der albertinischen Vormachtstellung erzog man Johann Casimir zum kurfürstlichen Gefolgsmann am Dresdner Hof. 1596 übernahm dieser den Coburger Anteil allein. Damit begann die Coburger Eigenstaatlichkeit, die mit Unterbrechungen bis 1920 andauern sollte.

DES HERZOGS RÜCKKEHR NACH COBURG

Die Rückkehr Herzog Johann Friedrichs I. von Sachsen aus der Kriegsgefangenschaft am 10. September 1552 war der Anlass für die früheste bekannte konkrete Ansicht Coburgs, die Stadt und Festung um 1560, am Beginn der Neuzeit, zeigt. Bildbestimmend stehen Johann Friedrich I. und seine Frau, Sibylle von Kleve (1512–1554), sowie beider Gefolge im Vordergrund. Die Renaissance-Stufengiebel der Ehrenburg und ihr spitzhaubiger Turm sind gut neben der städtischen Pfarrkirche St. Moriz mit deren damals noch erhaltenen gotischen Turmhauben erkennbar. Auch die Umwehrung der Stadt wird vorgeführt: Von rechts nach links reihen sich an der Mauer Ketschentor, Hexen-, Kilians- und Hirtenturm, Juden- und Spitaltor auf. Die Vogelstange rechts auf dem Ketschenanger verweist auf das florierende Schützenwesen in Coburg. Der Holzschnitt zeigt zudem erstmals die Ansicht der Veste Coburg von Westen, die seither üblich ist. Vorher hatte man das Schloss Coburg immer von Osten her abgebildet. Die ihrer Vieltürmigkeit wegen prestigeträchtige Ostfassade existierte seit dem Bau der Hohen Bastei 1531 nicht mehr. Nicht zuletzt die allgemeine Freude über Herzog Johann Friedrichs I. Freiheit wird im Bild und in der Legende als so überschwänglich geschildert, dass sogar *ain zaichen hell* [...] *geschah am Hymel schnell*: Gottvater zeigt sich im Osten der Stadt und lässt einen Engel seinen Gnadenstrahl auf den protestantischen Landesherrn und dessen Residenzstadt aussenden. Damit vermittelt man für Coburg noch im Zeitalter der Konfessionskriege die Utopie des göttlichen Friedensreiches als weltliche Realität.

Städtebauliche und kulturelle Blüte

Johann Casimir hatte das Problem, seinen Untertanen klarzumachen, dass er legitimer Herrscher des kleinen Fürstentums Sachsen-Coburg war, obwohl sein Vater und Amtsvorgänger geächtet war. Zur Verdeutlichung seiner Rechtfertigung gab er zwei wichtige Bauwerke in Auftrag: Zunächst ließ er von Nikolaus Bergner 1596–1598 ein monumentales, 13 Meter hohes Epitaph für seine postum aus der Gefangenschaft nach Coburg

POLITISCHE ARCHITEKTUR AM COBURGER MARKTPLATZ

Die Stadt hatte an der Südseite des Marktes das spätmittelalterliche Rathaus errichtet, das sie von 1578 bis 1580 um einen modernen, repräsentativen Anbau mit großem Festsaal – dem heutigen Sitzungssaal – und einem »Coburger Erker« erheblich vergrößerte.

Herzog Johann Casimir ließ wenige Jahre später gegenüber an der Nordseite des Marktes seine »Regierungskanzlei« – geziert durch zwei »Coburger Erker« – erbauen. Die Giebel des heutigen »Stadthauses« sind von Ritterskulpturen bekrönt, deren wappengeschmückte Rennfähnlein sie als des Herzogs Amtsvorgänger als Landes- und Stadtherren kenntlich machen. So kann die skulpturale Symbolik der herzoglichen Verwaltungszentrale dahingehend interpretiert werden, dass sich Johann Casimir in die ins Hochmittelalter zurückreichende, unübersehbare Traditionsfolge der legitimen Herrscher über Coburg einreihte. Außerdem demonstrierte er seinen Untertanen inner- und außerhalb des Rathauses durch die permanent angetretene Ritter-Armee sehr augenfällig »wo der Hammer hängt«.

gebrachten und in der Pfarrkirche bestatteten Eltern errichten. Der »Einzug« des geächteten Vaters mit fürstlichen Ehren und die Inschrift der Grabplatte mit allen Herrschaftstiteln deuten an, dass Johann Casimir durch die postume Rehabilitation des Amtsvorgängers seine eigene Souveränität als vollwertig geerbt legitimieren wollte. Der Adventus regis (Ankunft des Königs) war rechtswirksames Ritual zur Herrschaftsaneignung in der Residenz im verfassungsmäßigen Rahmen des Alten Reiches.

Im Neubau der Kanzlei siedelte Johann Casimir eine grundlegend neu organisierte Staatsverwaltung an, die von den drei »Säulen« für die innere, die schulische und kirchliche sowie für die Finanz- und Liegenschaftsverwaltung getragen wurde. Parallel dazu wurde das Hofgericht als Mittelinstanz zwischen den Centämtern und dem Appellationsrat eingerichtet.

Die Erneuerung der innerstaatlichen Ordnung ließ Johann Casimir als idealtypischer Vertreter der Landesherrschaft im

Silbertaler der Brüder Johann Casimir und Johann Ernst, „von Gottes Gnaden Brüder und Herzöge von Sachsen-"Coburg und Sachsen-Eisenach, 1599.

Zeitalter der heute sogenannten Sozialdisziplinierung durch eine Fülle von Verordnungen umsetzen. Davon betroffen waren: die handwerkliche Zunftorganisation ebenso wie die Preisgestaltung der Gastronomie, die medizinische Versorgung, die Maßnahmen gegen die allenthalben grassierende Pest, das Apothekenwesen, das Markt- und Handelswesen, das Münz- und Maßwesen, die Förderung gewerblicher Produktion und früher Manufakturen sowie Ausfuhrbeschränkungen und nicht zuletzt die innere Sicherheit und Ordnung. Hierzu gehörten nicht nur Abwehrmaßnahmen gegenüber Vaganten, sondern auch luxusbeschränkende Bestimmungen hinsichtlich Kleidung und privater Feiern.

Unter Johann Casimirs Regierung fand auch die Einführung der Reformation ihren Abschluss, was durch den Erlass der bis ins 19. Jahrhundert unveränderten Kirchen- und Schulordnung von 1626 Bestand hatte.

Das Casimirianum

Die aus der von den Saalfelder Benediktinern geführten Propsteischule 1555 hervorgegangene städtische »Ratsschule« sorgte weiterhin für die primäre Bildung der Coburger Bürgerkinder. In ihrem 1576 hinter der Morizkirche errichteten Neubau arbeitete die Institution bis ins 20. Jahrhundert hinein. 1578 hatte die Ratsschule eine von Luthers Lehre geprägte

Nikolaus Bergner: Epitaph für Herzog Johann Friedrich II. in St. Moriz, 1598.

Schulordnung erhalten, die erste speziell an die Coburger Verhältnisse angepasste Ordnung, die auf der von Philipp Melanchthon 1528 verfassten kursächsischen Schulordnung basierte und mit der Lese- und Schreibkompetenz der Schüler die Voraussetzung des von Luther als Glaubensbasis postulierten Verständnisses der Bibel enthielt.

Nachdem die Brüder Johann Ernst und Johann Casimir im erbitterten Streit mit ihren Vettern der Sachsen-Weimarer Linie 1597 nicht nur die Beteiligung an der bislang von den Ernestinern gemeinsam betriebenen höchstgerichtlichen Appellationsinstanz des »Schöppenstuhls« und an der ernestinischen Universität Jena aufgekündigt hatten, baute Johann Casimir die entsprechenden Paralleleinrichtungen für sein Herzogtum auf. Dazu gehörte auch eine »sonderbare hohe Landesschul«, die in die Gründung des Academischen Gymnasiums Casimirianum 1605 in Coburg mündete. Die Schüler, die ihre »Grundausbildung« an der Ratsschule erhalten hatten, absolvierten zunächst ein zwei- bis dreijähriges »Paedagogium« mit den Fächern Griechisch, Hebräisch und den sieben aus der

Peter Sengelaub: Ehemalige Herzogliche Regierungskanzlei am Coburger Marktplatz, 1597–1601, Aufnahme von 2006.

antiken Bildungstradition hervorgegangen »Artes liberales« (Grammatik, Rhetorik, Dialektik, Arithmetik, Geometrie, Musik, Astronomie). Im zweiten, ebenfalls etwa dreijährigen Studienabschnitt, dem »Publicum«, wählten die Schüler eine der vier Fakultäten Theologie, Jurisprudenz, Medizin oder Philosophie und wurden in den entsprechenden Fächern unterrichtet. Von 1725 bis 1730 besuchte übrigens Goethes Vater, Johann Caspar Goethe, das Casimirianum.

Die Schule genoss zwar bis 1824, als sie zum herzoglichen Gymnasium herabgestuft wurde, die akademischen Freiheiten, aber eine Universität wurde sie nie, schon allein wegen der erforderlichen finanziellen Mittel des Ausbaus, die das kleine Herzogtum nicht aufbringen konnte.

Nach 40 Regierungsjahren ließ Johann Casimir seine Maler und Baumeister Johann Binn und Wolfgang Birckner die Erfolge seiner Amtszeit zeichnen, die Peter Isselburg im Kupferstich umsetzte. Trauben und Hopfen gedeihen als Rohstoffe für Wein und Bier, die Holzversorgung der waldarmen Stadt ist durch die Holztrift (linke Bildseite) aus dem Thüringer Wald

Herzog Johann Casimir mit dem Gymnasium Casimirianum, 1660.

AUCH DIE COBURGER UHREN GINGEN MIT DER ZEIT

Noch heute verkündet die Glocke im Turm des Casimirianums (heute sprachliches und humanistisches Gymnasium) den Schülern die Pausen – ein Relikt der Zeit, in der sich jedermann nach den Schlägen der Kirchenglocken richten musste, hatte man doch noch keine Taschen-, geschweige denn Armbanduhr.

Erste Hinweise für die Coburger Geschichte der Zeitmessung und –verkündung stammen aus der Zeit um 1400, als man die »Sechsglocke« in den Türmen von St. Moriz installierte, die zur ersten und zur zwölften Tagesstunde, also etwa um 6 und um 18 Uhr, geläutet wurde. 1481/82 verbesserte der Uhrmacher (*orlemacher*) die kleine Uhr (*clein orologenn*) in der Kirche. 1510 goss P. Gareis die »Marienglocke« für St. Moriz, die man wegen ihres Signals zur abendlichen Schließung der städtischen Schankwirtschaften auch »Weinglocke« nannte. Der entsprechende Zeitpunkt dürfte wie in anderen Städten (Bamberg, Nürnberg) um ca. 21 Uhr gelegen haben.

1517 installierte man die »Viertelsglocke« in St. Moriz. Im städtischen Wirtschaftsleben reichte offenbar die einstündige Genauigkeit der akustischen Zeitangaben nicht mehr aus, die nun deutlich verfeinert werden musste. Eine weitere Verbesserung der Zeitangabe war 1528 durch den Einbau der Turmuhr mit Zifferblatt für St. Moriz durch Cunz Schäufelin, Uhrmacher in Staffelstein, möglich geworden. Anhand des einen Zeigers vor dem großen Turmzifferblatt konnte jedermann auch auf weite Entfernung die Zeit ablesen, ohne auf den nächsten Viertelstundenschlag warten zu müssen (einen Minutenzeiger gibt es erst seit 1857/59 an St. Moriz und den anderen städtischen Uhren). Sechs Jahre später – 1534 – erhielt auch das Rathaus seine Uhr. Die Türme der Stadttore wurden erst zwischen 1600 und 1781 mit Uhren ausgestattet.

1597 erschien eine Verordnung zu den jahreszeitlich differenzierten Öffnungszeiten der Stadttore von 4 bis 20 Uhr im Sommer und 6 bis 17 Uhr im Winter. 1621 – unter dem Eindruck des beginnenden Dreißigjährigen Krieges – wurde die abendliche Schließung auf den Beginn der Abenddämmerung vorverlegt.

Johann Binn / Wolfgang Birckner / Peter Isselburg: „Coburgum, inter antiquiores franconiae civitates, hodie aula illustri et collegio gymnastico celebre. (Coburg, unter den älteren Städten Frankens, heute Residenz

gesichert, zumal durch den 1576–1578 von Oberlind bis Neustadt gebauten »Flößgraben«, der die Wälder im Gewässersystem der nördlich von Lauscha entspringenden Steinach für die Holzversorgung der Residenz einbeziehen ließ. Die Weber, wichtigstes Exportgewerbe, produzieren lange Stoffbahnen, die auf den Wiesen vor der Stadt gebleicht werden, und die Viehzucht floriert.

Die Stadt selbst, bekrönt von der Landesfestung auf dem Berg, präsentiert sich mit der turmbewehrten Mauer als sicherer Hort des Friedens in einer Zeit, in der seit acht Jahren der Dreißigjährige Krieg tobt.

Coburgs Niedergang im Dreißigjährigen Krieg

Frid ernert, Unfrid verzert, lautet der Wahlspruch des Herzogs Johann Casimir, der es verstand, sein protestantisches Land, das von zwei Seiten an katholische Territorien grenzte, aus dem seit 1618 tobenden Dreißigjährigen Krieg durch eine geschickte Neutralitätspolitik herauszuhalten. Nicht nur seines fürstli-

mit dem berühmten und gefeierten Gymnasium) Die Fürstliche Sächsische Haubtstatt Coburg", 1626.

chen Vergnügens halber, sondern auch, um seinen Untertanen zu verdeutlichen, dass er gleichwohl des Waffenhandwerks fähig und somit auch im Kriegsfall ein verlässlicher Landesherr sei, ließ er in den Jahren der Neutralität im März 1620 und im Februar 1630 auf dem Coburger Marktplatz je eine Hetzjagd veranstalten, in deren Rahmen nicht nur Hasen, Dachse und Füchse, sondern auch – und darauf kam es zur Demonstration der militärischen Führungsstärke an – Wölfe, Bären, Wildschweine und Hirsche erlegt wurden.
Nicht wie heutige Jäger mit weitreichenden Feuerwaffen und präzisen, stark vergrößernden Zielfernrohren aus sicherer Distanz, sondern gewissermaßen im Nahkampf tötete man diese Tiere: Von schnellen Hunden gehetzt und schweren »Packern« an einer Stelle festgehalten, konnte der adelige Jäger mit der »Saufeder«, einer Jagdlanze, das gefährliche Tier abstechen.

Johann Casimir scheint sich der Funktion der adeligen Jagd als ertüchtigendes »Vorspiel des Krieges« ebenso bewusst gewesen zu sein wie der ähnlich gelagerten des Schützenwesens, betrieb er doch beides ausgiebig und mit Leidenschaft.

„Der Process und Abzueg des Fürstl. Sächs. Coburgischen Schiessens gehalten Anno 1597" während des Vorbeimarsches an der Ehrenburg (Ausschnitt).

Barg die Lage Coburgs an der Kreuzung wichtiger, überregionaler Handelsstraßen in Nord-Süd- und in Ost-West-Richtung die Garantie für Aufstieg und Wohlstand der Stadt seit dem Mittelalter, so verkehrte sich dieser Vorteil in Kriegszeiten zur Gefahr für Hab und Gut sowie für Leib und Leben. Dies bekamen Coburg Stadt und Land bereits während der Frühphase des Dreißigjährigen Krieges schmerzhaft zu spüren, als ab 1623 praktisch jährlich Truppen der protestantischen Union oder der kaiserlich-katholischen Liga in großer Zahl durchzogen und sich aus dem Land ernährten.

Als eine weitere, nicht minder katastrophale Folge des Krieges brachten die durchziehenden Heere Krankheiten mit sich, die sich in der geschwächten, unterernährten, in ruinierten Häusern oder im Wald lebenden Bevölkerung epidemisch verbreiteten. Seit 1622 verging praktisch kein Jahr in Coburg, ohne dass die Lungen- bzw. Beulenpest, die Rote Ruhr, Typhus, Cholera und andere Seuchen grassierten, die massenweise Todesopfer forderten.

»WIDER ALLE KRIEGSRECHT...«: »FRIEDLICHE« TRUPPENDURCHZÜGE

ZEITZEUGE

Der Bericht eines Coburger Landpfarrers aus der Zeit um 1630 führt die verheerenden Auswirkungen dieser für das Coburger Land noch »friedlichen« Phase des Krieges eindringlich vor Augen:

Wie sich die Stände und unschuldige Landschaft an ietzo befindet, das ist vornemblich aus des Kriegsvolkks insgemein jetzigen gebrauchenten Mutwillen, die gewonte Frechheit, die schlechte Disziplin und unchristliche Haushalten, so alles nur auf Verderben, Ruinieren und Verwüsten gerichtet, wirklich zu glauben und zu ermessen. Insbesondere werden die kaiserlichen Ortinanzen und des Reiches heilsame Constitutiones weder gehalten noch respectirt, sondern nur nach eigenem Willen und Gefallen gehandelt, alle Anweisungen verlacht, der Stände hierzu verordente Commissarii verachtet und betrohet, auch wol gar umb Geld geschatzet, langwierige, unnötige Stillager und Rasttage gehalten und die Proviantierung erzwungen... Darzu werden die Leut gar von dem Ihrigen gejagt, ufs höchste ranzionirt, geprügelt, gefoltert und mit andern unzelichen Pressurn, unerhörter Gewalttat und Beträngnis, Mannes- und Weibspersonen, gequelet und gepeinigt, Kisten und Kästen aufgeschlagen, Fenster und Ofen verwüstet und zerschmettert und alles, was sie angetroffen und ihnen gefallen, abgeraubt. Das noch gefundene wenige Vieh, an deme man sich vorhin an aller Orten zu ihrer proviantirung ufs eußerist entblößen müssen, entweder niedergestochen oder gar mit sich hinweggeschleppt. Was sie an Früchten, Getränk und Fütterung nit mitnehmen und verzehren konnten, zu Dorf und Feld vorsetzlich veröߟet, verwüstet und zunichten gemacht und insonderheit zur hochschädlichen Verhinderung des unentbehrlichen Feldbaues fast allenthalben die besten Pferd in großer Anzahl gewalttetig abgedrungen, entrissen und entführet, auch wider alle Kriegsrecht der zugebrachte Proviant angegriffen und geplündert.

Unser heutiges Wissen um die bakteriellen und viralen Erreger und deren Nährboden in Form der katastrophalen Lebensbedingungen hatten die Menschen damals nicht. Deshalb stellte man auch die zum Teil um mehrere Wochen verzögerten Ausbrüche einer Epidemie in keinen Zusammenhang mit abgezogenen Truppen, wie etwa im Jahr 1632, als Wallenstein am 5. Oktober aus Coburg abgerückt war und gegen Ende des Monats die Pest ausbrach. Auch das zunehmend härtere Klima während der »kleinen Eiszeit« mit den Folgen von Missernten und zusätzlichen Teuerungen gehörte zu den verschlimmerten Lebensbedingungen dieser Zeit. Die Menschen suchten stattdessen nach Ursachen, die den magischen und abergläubischen Vorstellungen des Spätmittelalters und der frühen Neuzeit entsprachen. So unterstellte man vor allem innerhalb der städtischen Gesellschaft missliebigen Nachbarn, hochgestellten Persönlichkeiten, Hebammen und anderen Personen mit vielfältigen sozialen Kontakten, sie wären mit dem Teufel im Bunde und sie würden ihre Mitmenschen, deren Haus, Hof und Brunnen oder deren Vieh verhexen. Die vielschichtigen sozialen Konflikte, die aus derartigen Annahmen hervorgingen, fanden ihr Ventil in der Anzeige der vermeintlichen Hexen bei Gericht. Für die Betroffenen folgten extreme Folterqualen zur Erpressung von Geständnissen und der sichere Tod – entweder noch während der Folter oder nach dem Urteilsspruch auf dem Scheiterhaufen, der in Coburg auf dem Anger oder am Galgen an der Hohen Straße entzündet wurde.

Schon damals – 1635 – prangerte der ehemalige Direktor des Gymnasiums Casimirianum, Johann Matthäus Meyfart (1590–1642) – seit 1633 Theologie-Professor in Erfurt –, in seinem Traktat gegen den Hexenwahn diesen Foltereffekt an, demzufolge jeder bekennen würde, er habe *dem Pilatus das Urtheil vber Jesum vorgeschrieben*. So wurden auch weitere Mitbürger als Komplizen des Teufels denunziert, wodurch das Schneeballsystem der Hexenprozesse entstand, in deren Zuge allein in den Jahren 1628–1631 im Herzogtum Coburg 91 Personen, darunter 80 Frauen, angeklagt und davon ca. 70 hingerichtet wurden. Verbunden war mit der Verurteilung auch die Einziehung des Vermögens der Delinquenten, und deren Familien mussten auch noch die Verfahrenskosten an Richter und Henker bezahlen. Da in Coburg auch eine Reihe von hochgestellten Persönlichkeiten dem Hexenwahn der spätcasimirianischen Ära zum Opfer fielen, kamen die Verfahrensbeteiligten auf diese Weise in den Genuss einer beträchtlichen, zusätzlichen Einnahmequelle. Herzog Johann Casimir hat diese

Praxis nicht nur durch seine 1629 erlassene »Gerichts-Ordnung, die Hexerey betreffend« gefördert. Meyfart warf ihm auch das die ordentliche Gerichtsbarkeit aushebelnde Eifererturn vor: *Ist der ungerecht Eyferer ein Regent, müssen die ordentlichen Gerichte verstöret, der Lauff des Rechten gehemmet, die Gewissenhafften officanten angeschnarcht, mit Zorn angeschnaubet, mit Hitz angefahren, mit Trotzzetteln angefallen werden* [...].

Auf Seiten des Schwedenkönigs

War der »Friede« während des Dreißigjährigen Krieges in und um Coburg schon verheerend und mörderisch, so sollte dies ab 1630, als Coburg auf Seiten der protestantischen Union in die Kampfhandlungen eingetreten war, erst recht gelten.

Johann Casimir hatte sich des Öfteren an den Kaiser mit der Bitte gewandt, sein neutrales Land doch von Truppendurchzügen zu verschonen, was dieser zunächst auch veranlasste. Als Kaiser Ferdinand II. jedoch am 6. März 1629 sein sogenanntes »Restitutionsedikt« erlassen hatte, konnte der Coburger als protestantischer Reichsfürst nicht mehr anders, als sich auf die Seite seiner Glaubensgenossen und gegen die kaiserliche Liga zu stellen. Das kaiserliche Edikt kündigte praktisch den Augsburger Religionsfrieden von 1555 auf, forderte die Herausgabe aller seit 1552 durch Protestanten eingezogenen Kirchengüter und gestattete den katholischen Reichsständen die Rekatholisierung ihrer Untertanen. 1630 gab daher Johann Casimir seine Neutralität auf und schloss sich anlässlich des Leipziger Treffens protestantischer Fürsten 1631 diesen und König Gustav Adolf von Schweden an.

Die Kriegshandlungen im Coburger Land begannen im Frühjahr 1632 mit dem Angriff auf die bambergisch-katholische Stadt und Festung Kronach, von wo aus laufend Einfälle in die östlichen Coburger Ämter geschehen waren. Die massive Gegenwehr der Kronacher Bevölkerung veranlasste jedoch die Coburger, nach schweren Verlusten wieder abzuziehen und keinen weiteren Gegenangriff zu unternehmen. – So lange dieses kriegerische Erlebnis auch zurückliegt, noch heute lösen so manche Kronacher die Abkürzung ihres Autokennzeichens »KC« nicht etwa mit »Kronach«, sondern mit der abwehrenden Bemerkung »Kein Coburger« auf.

Die Stadt Coburg selber wurde mehrmals »gebrandschatzt«,also geplündert und um Lösegeldzahlungen zur Vermeidung des Niederbrennens »erleichtert«: 1632, als Wallenstein mit 40 000 Mann der Stadt »seinen Besuch abstattete«, und im Winter 1634/35, als die kaiserlichen Truppen von Lamboy hier Winterquartier machten. Zwischenzeitlich war Herzog Johann Casimir am 16. Juli 1633 nach 47-jähriger Regierungszeit im Alter von 69 Jahren gestorben. Sein Bruder, Herzog Johann Ernst, erbte das Land und verleibte es seinem Herzogtum Sachsen-Eisenach ein. Zwei Jahre später – 1635 – trat er wie die anderen Reichsstände auch dem »Frieden von Prag« zwischen dem Kaiser und dem albertinischen Kursachsen bei, der die Bekenntnisse auf dem Stand vor dem Restitutionsedikt von 1629 festschrieb. Der Krieg und seine verheerenden Wirkungen dauerten jedoch noch 13 Jahre an.

Mit dem »Westfälischen Frieden« 1648 hörten die Truppendurchzüge im Coburger Land, dieser Verkehrs-»Drehscheibe« im geografischen Zentrum des Reiches, nicht auf: Die Soldaten dieses europäischen Krieges waren aus aller Herren Länder gekommen, strömten nun zurück und nahmen sich unterwegs ohne zu fragen, was sie zum Leben brauchten. Daher glaubte man in Coburg nicht so recht an den Frieden. So ordnete Herzog Friedrich Wilhelm II. von Sachsen-Altenburg (1603–1669), zu dessen Territorium die Stadt zwischenzeitlich auf dem Wege einer der vielen ernestinischen Erbteilungen gekommen war, für den 19. August 1650 das Coburger Friedensdankfest an, das die Coburger auf dem mit ins Pflaster gesteckten Bäumchen geschmückten Markt mit feierlichen Gesängen fortan alljährlich feiern sollten.

Der Heftigkeit des vergangenen Krieges wegen konnte nur noch ein Bruchteil der Coburger Stadtbevölkerung den Frieden feiern. Plünderungen, Seuchen und nicht zuletzt die Kampfhandlungen selbst hatten zwischen 1618 und 1650 zu einem Einwohnerverlust von etwa 37 % geführt. Die Stadt war dabei noch vergleichsweise glimpflich davongekommen, hatte die

Coburgisches Friedensdankfest am 19. August 1650.

gesamte Pflege Coburg doch 60 % ihrer Bevölkerung verloren, wobei die Dörfer entlang der Fernstraßen am stärksten betroffen waren und zum Teil komplett wüst gefallen sind. Die Untersuchung der Dörfer Gossenberg, Heirath, Neuses a. d. E., Rossach und Watzendorf, die mit Buchenrod heute die Gemeinde Großheirath im Itzgrund bilden, hat gezeigt, dass der Krieg zu einem weitgehenden Austausch der alteingesessenen Bevölkerung gegen neue Zuwanderer geführt hat, die hier 72 bis 95 Prozent der Bewohnerschaft nach dem Kriegsende ausmachten. Auffällig ist das schnelle Anwachsen der Stadtbevölkerung in der direkten Nachkriegszeit, um zum Ende des 17. Jahrhunderts hin zu stagnieren. Die rasche Erholung der Wirtschaftskraft der Stadt zeigt sich an den Zoll- und Geleiteinnahmen, die nur während der Phase der direkten Kampfhandlungen in den Jahren zwischen 1632 und 1635 eingebrochen waren, um nach 1637 wieder rapide anzusteigen.

Vorbei war es jedoch mit dem Glanz der Stadt, die bis in die casimirianischen Zeit geblüht hatte. Weil Coburg nicht zerstört worden war, hatten zwar aus der Spätrenaissance die Ehrenburg, die Regierungskanzlei, das Gymnasium, das Ballhaus und das herzogliche Schützenhaus »Stahlhütte« im Bereich des heutigen Schlossplatzes sowie nicht zuletzt das Zeughaus in der Herrngasse überdauert. An die plündernden Truppen waren jedoch viele Kostbarkeiten verloren gegangen, darunter die Pokale der Zünfte. Eine kleine Auswahl davon tauchte 1910 während einer Kunstauktion in Stockholm für kurze Zeit wieder auf, bevor sie unter den Hammer kam und in privatem Besitz verschwand.

Residenzstadt des Herzogtums Sachsen-Coburg und Gotha

Zankapfel der ernestinischen Brüder

Die Bedeutung Coburgs sank nach dem Dreißigjährigen Krieg nachhaltig zugunsten etwa der Residenzen Gotha oder Weimar im Kernbereich der ernestinischen Länder. Nicht nur die Randlage, sondern auch massive finanzielle Probleme ließen der Stadt keinen Spielraum, um sich wesentlich weiter zu entwickeln.

Mit dem Tod Herzog Ernsts I. des Frommen von Sachsen-Gotha-Altenburg 1675 brachen unter dessen sieben Söhnen schwere Differenzen aus, die 1680 erneut zu einer Landesteilung führten. Sachsen-Coburg ging an den zweitältesten Sohn, Herzog Albrecht (1648–1699). Nach dessen von barocker Prachtentfaltung geprägter Herrschaft entzündete sich ein jahrzehntelanger, bis 1735 währender Erbfolgestreit um das kleine Fürstentum Sachsen-Coburg: Albrechts Tod hatte der Drittälteste, Herzog Bernhard I. von Sachsen-Meiningen (1649–1706), genutzt, um kurzerhand die Besitzergreifungspatente seiner Brüder und Widersacher verschwinden zu lassen. Der jüngste, Herzog Johann Ernst von Sachsen-Saalfeld (1658–1729), hatte 1680 mit dem unter Gothaer Oberhoheit stehenden Sachsen-Saalfeld den »magersten« Erbteil erhalten und deshalb nun das stärkste Macht- und Gebietsinteresse am Coburger Erbe. Weil die Kaiser Leopold I., Joseph I. und Karl VI. an der Türkenfront außenpolitisch stark gebunden waren, balancierten sie im Interesse politischer Stabilität im Reich die Machtverhältnisse durch die Stärkung der Kleinen gegen die Großen aus. Daher unterstützten sie Johann Ernsts Ansprüche. Nach dessen Tod 1729 teilten sich seine beiden Söhne Christian Ernst (1683–1745) und Franz Josias (1697–1764) das neu entstandene Fürstentum Sachsen-Coburg-Saalfeld. Letzterer bezog 1729 die Coburger Residenz, von der aus er nach der endgültigen Entscheidung des Erbstreits 1735 souverän zunächst den Coburger Landesteil und nach dem Tod seines Bruders ab 1745 das gesamte Territorium regierte.

Die sachsen-coburg-saalfeldische Residenz

Der kostenintensive Erbfolgestreit belastete das Fürstentum unter den Regentschaften der Herzöge Christian Ernst, Franz Josias, Ernst Friedrich (1724–1800) und Franz Friedrich Anton (1750–1806) mit einem stetig wachsenden Schuldenberg. 1771 beliefen sich die Verpflichtungen mit knapp 707 000 Reichstaler auf ca. zehn Jahreseinkünfte des Fürstentums. Auch die Einsetzung einer kaiserlichen Schuldentilgungskommission 1773 änderte nichts an der prekären Lage des politisch unbedeutenden Fürstentums mit der Residenzstadt Coburg, in der 1741 noch 6741 Einwohner gelebt hatten, die aber zum Teil abwanderten. Die bereits im Spätmittelalter beklagte Tendenz der sinkenden Anteile der Bürgerrechtsinhaber setzte sich bis zum frühen 19. Jahrhundert fort: 1801 war es mit 1097 nur ein gutes Sechstel der 6240 Personen zählenden Einwohnerschaft, welches das für den Bürgerstatus erforderliche Meisterrecht und 50 Reichstaler Vermögen besaß.

Während sich die bedeutenden ernestinischen Residenzen Gotha und Weimar im 18. Jahrhundert zu Zentren des deutschen Geisteslebens entfalteten, bemühte man sich in Coburg vergeblich, im Attraktivitätswettbewerb der verwandten Fürstenhäuser mitzuhalten. Unter anderem die Kapitalaufnahmen der durch die kaiserliche Schuldentilgungskommission »kurz gehaltenen« herzoglichen Familie Sachsen-Coburg-Saalfeld unter der Ägide der herrschsüchtigen Herzogin Sophie Antoinette (1724–1802) werden für das Anwachsen des Schuldenberges verantwortlich gemacht. Die gebürtige Prinzessin von Braunschweig-Wolfenbüttel wollte auf die ihrer Herkunft gemäßen Ansprüche nicht verzichten. Daher stiegen die Verbindlichkeiten bis zum Jahr 1800 auf ca. 1 261 000 Reichstaler an.

Aufklärung in Coburg

Zur Keimzelle früher aufklärerischer Bemühungen entwickelte sich seit dem zweiten Drittel des 18. Jahrhunderts das Academische Gymnasium Casimirianum. Dieses besaß als Ausbildungsbasis für die Schüler nicht nur eine bemerkenswerte Bibliothek, sondern auch eine stetig wachsende Lehrsammlung, die 1783 auf Initiative des Physikers Herrmann Gottlieb Hornschuch als »Musäum« für die »Bürger unserer hohen Schule« eingerichtet wurde, das neben *Münzen und Kunst-Stücke*[n] *vor allem natürliche Erdprodukte der Gegend, Saalfeldische Mineralien* [und] *Gräfenthalische Bergwerksprodukte* beinhalten sollte.

Zur Freude Hornschuchs stieß das Projekt nicht nur beim Coburger Konsistorium, der übergeordneten herzoglichen Behörde, auf Gegenliebe, sondern auch bei ehemaligen Schülern und spendablen Bürgern. So gingen im Jahr 1784 916 Naturalien und 109 Münzen ein. 1792, neun Jahre nach der Einrichtung der Sammlung als Museum, konnte Hornschuch als Zwischenbilanz 7485 Neuzugänge bekannt geben, von denen 1725 dem Tier-, 465 dem Pflanzen- und 3419 dem Mineralienreich entstammten. Hinzu kamen noch 1102 Münzen und 774 »Kunstsachen«, also kunst- bzw. kulturgeschichtlich relevante Exponate. Einen kleinen Zuwachs an »Kunstsachen« erfuhr dieses zweite – der herzoglichen Sphäre zuzuordnende – »Musäum« aus den Beständen des ersten Coburger »Museums«:

Nicolai sah sich vermutlich nur kurz das Museum im Rathaus an, interessierte er sich doch mehr für das wirkliche Leben in der Stadt: *Viele Reisende verweilen zwey oder drey Stunden in einer Sammlung von alten Waffen, von bunten Schneckenhäusern, oder von rostigen Münzen* [...] *– Für mich war jede Gesellschaft von Menschen, die merkwürdige Charaktere, ausgezeichnete Gemüthsgaben hatten, ein Kabinet, das alle Samlungen todter Merkwürdigkeiten übertraf, und worin ich an allen Orten, so lange ich konnte, allezeit mit Vergnügen und mehrentheils mit Nutzen verweilt habe.* Diesem Reiseprogramm auch in Coburg treu bleibend, traf er sich mit vielen Persönlichkeiten. Er stellte auch eine auffällige Kindersterblichkeit fest, die ihn zur Anmahnung besserer Verhältnisse hinsichtlich der Ernährung und der medizinischen Versorgung der herzoglichen Untertanen – *Koburgs Pöbel*

DAS »MUSEUM« DER STÄDTISCHEN RÜSTKAMMER

Friedrich Nicolai (1733–1811) besuchte das »Museum« im Rathaus während seiner »Reise durch Deutschland und die Schweiz 1781«. Außer dieser bislang ersten bekannten Erwähnung wissen wir, dass das städtische Museum die spätgotischen Kunstwerke zeigte, die im Zuge der umfassenden Renovierungen der Heilig-Kreuz- und der Morizkirche in der Mitte der 18. Jahrhunderts ausgelagert worden waren. Man präsentierte auch stolz die aus spätmittelalterlicher Zeit erhaltene Sammlung an Waffen, Schilden und Fahnen. All dies verwahren seit 1839 die Kunstsammlungen der Veste Coburg als Leihgabe.

Die gesamte Breite der städtischen Sammlung wird mit der Objektgruppe erkennbar, die im Januar 1788 *Ein Hochedler und Hochweiser Stadtrath allhier* dem casimirianischen *Musäum* schenkte: *Ein altes noch gut erhaltenes Schild, innen mit Leder und aussen mit Stanniol auf ein gypsartigen Grund überzogen, auf welchen ein verschlossenes Stadtthor gemahlt ist, welches von 2 geharnischten Männern bewacht wird, über demselben ein Mohrenkopf in einem Schilde, als das hiesige Stadtraths Wappen; außen herum mit gothischer Schrift eingefaßt. – 3 Pfeile – ein antikes Opferinstrument von Granit, sonst Donnerkeil genannt, – 1 starker Holzspan, welchen der Blitz den 21. Merz 1724 aus einem Balkenriegel in der Wächterstube des hiesigen Kirchthurms geschlagen hat.*

Dieser Eintrag ist insofern aufschlussreich, als aus ihm hervorgeht, dass die in der Rathaus-Rüstkammer aufbewahrte Sammlung nicht nur »vaterländische Altertümer« wie die spätmittelalterliche Pavese und die drei Armbrustbolzen enthielt, sondern auch kuriose Naturalien wie den Belmniten und den Span von St. Moriz.

und Bürger – veranlasste. Als soziales Unterscheidungsmerkmal diente ihm ein von Marschmusik begleiteter, nächtlicher Fackelzug der Schüler des Gymnasiums, der dem *Pöbel ein Schauspiel machte, Koburgs Bürgern aber, wofern sie, wie wir ermüdet waren, vermuthlich höchst beschwerlich fiel.*

Der Marktplatz war nicht nur der Ort des friedlichen Handelns, er bot auch das Schauspiel des Schreckens von Bestrafungen und Hinrichtungen. Vor dem Rathaus stand die Haupt-

August Sommer (1911): Denkmal des „Türkenbezwingers", „Feldmarschall Prinz Friedrich Josias von Sachsen-Coburg-Saalfeld", mit Deutschlandfahne am 25. Juni 2008.

wache, und daneben befanden sich der Galgen und die Prangerinstrumente des »Schandpfahls« und des »Esels«, einem Marter-Instrument, auf dem verurteilte Lästerer stundenlang mit Steingewichten an den Beinen sitzen mussten. Es ist bekannt, dass die Leiber von Hingerichteten zur Abschreckung mitunter monatelang am Galgen auf dem Marktplatz baumelten. 1733 kam es hier zur Hinrichtung von Mitgliedern einer europaweit agierenden Räuberbande, die eine im Gebäude der heutigen »Künstlerklause« befindliche Silbertressenwerkstatt beraubt hatten. 1787 wurde diese Bühne des Schreckens vor dem Rathaus beseitigt.

Der Ruhm des »Prinzen Koburg«

Die Schuldenlast hatte die Residenz des kleinen Fürstentums Sachsen-Coburg-Saalfeld während des 18. Jahrhunderts in die Bedeutungslosigkeit versinken lassen. Allein der jüngste Bruder

Das Bratwurstmännchen auf dem Rathausgiebel zu Coburg, 1752, Postkarte von 1904.

DAS BRATWURSCHTMÄNNLE

In seinem zweiten, nachreformatorischen »Leben« wurde dem heiligen Mauritius – speziell aufgrund seiner 1752 auf dem Rathaus-Risalitgiebel installierten Bronzeplastik – der neue Name »Bratwurschtmännle« gegeben: Die damit verbundene Sage erklärte das zum etwa 30 cm langen Stab reduzierte Lanzen-Attribut als Maß für die Coburger Bratwurst.

Der bislang früheste bekannte Beleg der »Bratwurschtmännle«-Sage existiert in einem Gedicht des Jahres 1840: »Das Westenknöpfen« von Friedrich Hofmann handelt von einer 14-köpfigen »Wallfahrer«-Gruppe. Ihre Zielangabe des »Männleins mit dem Bratwurstmaß« war gleichzeitig die Frage nach der Stadt, in der es zu finden sei, was ihnen jedoch erst nach *manche*[m] *Weh' und Ach zu Fuße* gelungen ist. Diese Aufgabenstellung entspricht ihrer Struktur zufolge den »Kundschafts«-Prüfungen der reisenden Handwerksgesellen, die sich bis ins 19. Jahrhundert hinein »durch die Kenntnis der Wahrzeichen seines Handwerks in den Städten, in denen er gearbeitet oder die er durchwandert hatte, ausweisen« mussten.

Diesen Traditionszusammenhang vorausgesetzt, dürfte das Bratwurstmaß-Motiv als Holauftrag eines fiktiven Gegenstands von einem Ausbildungsscherz des Metzger-Handwerks herrühren: Es ist bis heute üblich, naive, unerfahrene Gehilfen bzw. Lehrlinge beim Wurstmachen zum fiktiven Längenmaß etwa der Bratwürste zu schicken. Das Rathaus als der traditionelle Aufbewahrungsort der Längen- und Hohl-Eichmaße ist ein beliebtes Ziel, wo der blamierte Lehrling erfährt, dass es weder das Wurstmaß noch die ebenso beliebten, wie fiktiven Bratwurstbändel gibt. In Coburg dürfte für derartige Handwerksscherze der Stab der Mauritius-Figur des Rathausgiebels hergehalten haben, die auf diese Weise zum »Bratwurschtmännle« umgewidmet worden ist.

des Herzogs Ernst Friedrich, Prinz Friedrich Josias (1737–1815), genoss internationales Ansehen, durch das man Coburg im späten 18. Jahrhundert allein mit ihm verband.

Getreu der Familientradition wurde Friedrich Josias als nachgeborener Herzogs-Sohn kaiserlicher Offizier. Durch Mut und militärisches Können legte er während des »Siebenjährigen Krieges« (1757–63) den Grundstock seiner Karriere. Im Krieg Österreichs und Russlands gegen »die Türken« (1788–91), wie man landläufig die Truppen des Osmanischen Reichs bezeichnete, erstritt er mit der von ihm geführten Armee und russischer Unterstützung im Spätsommer 1789 in der heute rumänischen Walachei zwei entscheidende Siege. Kaiser Joseph II. beförderte den als »Türkenbezwinger« europaweit gefeierten »Prinzen Koburg« zum Feldmarschall. Als »Reichsgeneralfeldmarschall« und Oberkommandierender der kaiserlichen Rheintruppen fügte Friedrich Josias während des gegen Frankreich gerichteten »Ersten Koalitionskrieges« (1792–94) den Revolutionsarmeen zunächst schwere Niederlagen zu. An die »Kabinettskriege« des 18. Jahrhunderts gewöhnt, vermochte er jedoch mit den politisierten Volksheeren der Revolution taktisch nicht umzugehen. Nach einer eigenen Niederlage bei Fleurus legte er denn auch sein Kommando nieder, zog sich nach Coburg zurück und genoss im umgebauten Bürglaßpalais den Ruhestand.

Die Popularität als »Türkenbezwinger« blieb ihm bis heute erhalten. Gleichsam als säkularen »Schutzpatron« nahm ein historisch versierter Spaßvogel stellvertretend für die Coburger Fußballfans am 25. Juni 2008 als Unterstützer im Europaschafts-Viertelfinalspiel gegen die Türkei in die Pflicht, in dem er ihm die Fan-Fahne an die schlachtenlenkende Feldherrnhand knotete. Die deutsche Elf siegte, wenn auch nur knapp.

»Das Gestüt Europas«

Der auch am Hof der deutsch-russischen Zarin Katharina fest verankerte Ruhm des »Prinzen Koburg« bildete die Basis der familiären Verbindungen des Coburger Herzogshauses mit zahlreichen europäischen Regentenhäusern. Die 1796 geschlossene Ehe der Coburger Prinzessin Juliane – jüngste Tochter von Herzog Franz Anton und dessen zweiter Frau Auguste (1757–1831) – mit dem russischen Zaren-Enkel und Großfürsten Constantin war die erste und entscheidende der Verheiratungen, die dem Haus Sachsen-Coburg den Aufstieg zur europäischen Dynastie ermöglichte. Die seither bis ins 20. Jahrhundert auch nach Großbritannien, Belgien, Portugal und Schweden ausgreifende Heiratspolitik hatte zwar keine unmittelbaren Auswirkungen auf die Residenzstadt Coburg. Gleichwohl spiegelt sich die Stadt noch heute im Glanz dieser Verbindungen mit dem europäischen Hochadel, unter denen die Ehe des »Prince Consort« Albert (1819–1861) mit der englischen Queen Victoria (1819–1901) die bekannteste sein dürfte.

Nachdem 1861 Victorias geliebter Albert gestorben war, stiftete sie zur Erinnerung an ihn für die Stadt Coburg ein Denkmal. Obwohl wenige Jahre zuvor im Hinblick auf die Denkmalsenthüllung an der Ketschengasse der Albertsplatz angelegt worden war, setzte Victoria den Marktplatz als Standort durch. Damit begann die merkwürdige Coburger Tradition der Diskrepanz zwischen Platznamen und Denkmal: Am Albertsplatz steht seit 1907 ein Luther-Denkmal, am Ernstplatz ein Obelisk zum 1870/71er-Krieg, am Theaterplatz das Josias-Denkmal und am Schlossplatz die Bronzeplastiken von Ernst I. und Ernst II.

Enthüllung des Prinz-Albert-Denkmals am 26. August 1865 auf dem Coburger Marktplatz. Queen Victoria wohnt dem Ereignis in der Ehrentribüne vor dem Rathaus bei.

QUEEN VICTORIA UND IHR »ZWEITES ZUHAUSE«

Victoria, die während ihrer von 1837 bis 1901 währenden Regierungszeit als Königin von England und – seit 1867 – Kaiserin von Indien die nach ihr benannte »victorianische Epoche« weltweit prägte, war eine Enkelin des Coburger Herzogs Franz Friedrich Anton. 1840 heiratete sie ihren Coburger Cousin, Prinz Albert, den sie heiß und innig liebte und 1857 zum »Prince Consort« ernannte. Ihrer beider Onkel, der belgische König Leopold I., hatte die Liaison vermittelt. Durch diese Ehe hieß das britische Königshaus bis 1917 »Sachsen-Coburg und Gotha«.

Victoria ist mit Albert zweimal – 1845 und 1860 – nach Coburg gereist, das sie vorher nur durch Lithografien des Briten Douglas Morison kannte. Die Residenzstadt und vor allem das nahe gelegene Geburtsschloss Alberts, die Rosenau im heutigen Rödental, hatte sie ins Herz geschlossen. Sie genoss das unkomplizierte Leben in der Stadt und deren Spezialitäten Bier und Bratwurst. 1860 bemerkte sie zum geliebten Coburg: *Es ist tatsächlich unser zweites Zuhause und ein geliebtes und glückliches dazu.*

Jean Paul in Coburg

Herzog Franz Friedrich Anton hatte sich schon in seiner Erbprinzenzeit vor 1800 als feinsinniger Mensch bewiesen. Sein spärliches Vermögen legte er in einer mehrere hunderttausend Blätter umfassenden Kupferstichsammlung an, die den Grundstock des heute weltweit bedeutenden Kupferstichkabinetts der Kunstsammlungen der Veste Coburg bildete. Auch der Literatur und der Philosophie aufgeschlossen, zog Franz Friedrich Anton einige wenige Philosophen und Literaten nach Coburg, unter denen Jean Paul zu den Berühmtheiten der Jahrzehnte um 1800 gehörte.

1763 in Wunsiedel als Pfarrerssohn geboren und mit seinen Eltern im östlichen Teil des heutigen Oberfrankens vielfach umgezogen, hielt es den Junggesellen nur kurze Zeit an einem Ort. Als 24-Jähriger zog er nach Leipzig, von dort über Weimar nach Berlin und bald wieder nach Süden, nach Weimar, das ihm jedoch schnell zu eng wurde und das er im Frühjahr 1803 zugunsten Coburgs verließ, das ihm *aus 4 oder 5 Eden zusammengebauet* [erscheint und] *die Stadt 100 Dinge hat, die hier* [in Meiningen] *fehlen*. Wichtig waren ihm die anregende Hof-Gesellschaft und die Nähe zu seinem »Nabel der Welt«, Bayreuth: Dessen Bier war für den ausgemachten Bierfranken ebenso Lebenselixier wie das nie austrocknende Tintenfass. In Coburg publizierte Jean Paul die »Vorschule der Ästhetik« und die ersten beiden Bände der »Flegeljahre«.

Seiner *empirischen Biographie* der jungen Ehe mit Karoline, die mit inzwischen zwei Kindern die Wohnung in der Gymnasiumsgasse »hütete«, entfloh der dichtende und trinkende Ehemann in die Klause auf dem Adamiberg. Als er in die finanzpolitischen Intrigen am Hof des hochverschuldeten Herzogs geraten und obendrein wegen nächtlichen Urinierens in einer Gasse bestraft worden war, wurde die anfangs paradiesgleiche Einschätzung Coburgs so sehr von der *Empirie* geprägt, dass er 1804 nach Bayreuth übersiedelte, wo er bis zu seinem Tod am 14. November 1825 lebte.

Massenarmut nach Krieg und Missernten

Herzog Ernst I. (1784–1844), der älteste Sohn von Franz Friedrich Anton, übernahm im Dezember 1806 die Regentschaft des soeben durch den Beitritt zum napoleonisch dominierten Rheinbund souverän gewordenen Herzogtums. Nicht nur die seit dem 18. Jahrhundert überschuldeten Staatsfinanzen Sachsen-Coburg-Saalfelds wurden zunächst – bedingt durch den Wechsel Ernsts I. auf die antinapoleonische Seite – durch die französische Besetzung und in den folgenden Jahren durch die Beteiligung an den Befreiungskriegen zusätzlich belastet. Bevölkerungswachstum, die beginnende Auflösung der auch auf wirtschaftliche Individualabsicherung ausgelegten Ständegesellschaft und steigende Arbeitslosigkeit unter den Handwerksgesellen und Dienstboten sowie die mitteleuropaweit auftretende Missernte der Jahre 1816/17 bewirkten als Faktorenbündel die überregionale Entwicklung des »Pauperismus«, die drastische Verarmung der unteren Bevölkerungsschichten, von denen große Gruppen in die kriminalisierte Bettlerexistenz abrutschten. Die den Betroffenen unbekannt gebliebene unmittelbare Ursache des Elendsjahres »Achtzehnhundertunderfroren« war der Ausbruch des indonesischen Vulkans Tambora im April 1815. Dessen gewaltige Explosion hatte so große Aschemengen in die Atmospäre geschleudert, dass sie als Schleier den gesamten Erdball verdunkelten und vor allem in West- und Mitteleuropa sowie in Nordamerika den vulkanischen Winter der Folgejahre verursachten.

Rückblickend notierte Georg Friedrich Christian Eberhardt, Polizeiinspektor der Residenzstadt Coburg, 1820 dazu: *Als die Durchmärsche der aus Frankreich nach ihrem Vaterlande zurückkehrenden kaiserlichen russischen Truppen kaum beendigt waren, und die hiesigen Bürger sich von den ihnen seit dem verhängnisvollen Jahr 1806 aufgebürdet gewesenen ungeheuren Kriegslasten und den damit verknüpften mannichfaltigen Drangsalen noch nicht wieder so weit erholt hatten, um neue Leiden tragen zu können, fiengen die nothwendigsten Lebensbedürfnisse in dergestallt im Preise zu steigen, daß die Gemüther aller Einwohner, durch die die traurige Aussicht bis zur Erndte immer mehr und mehr beängstiget werden mußten. Das Viertel Korn, welches Anfangs April 1816 um 18 Batzen allgemein zu haben war, mußte am*

Falschgeld-Tafel der Coburger Polizei, um 1820: Über 100 Falschmünzen hat Eberhardt in Coburg aufgespürt und als Anschauungsbeispiele auf dieses und ein anderes Tablett nageln lassen.

6. Juni desselben Jahres schon mit 30 Batzen, und wenige Wochen, mithin während der Erndtezeit um 36 Batzen bezahlt werden. Die von Jedermann genährte Hoffnung, es werde nach der Erndte und wenn die Getreidevorräthe ausgedroschen seyn, wieder besser und wohlfeiler werden, ging nicht in Erfüllung; es stiegen vielmehr die Getreidepreiße … fast von Woche zu Woche … Unter solchen Umständen mußte der Nothstand der ärmeren Klasse der hiesigen Einwohnerschaft immer höher steigen, da nunmehr auch eine fast allgemeine Verdienstlosigkeit an die Stelle der sonstigen Gewerbethätigkeit trat. Das Betteln in den Häusern nahm trotz aller polizeylichen Aufsicht mit jedem Tage zu.

In diesen und den folgenden Jahren versuchte man durch die Einrichtung einer Armenkommission und durch die Neuordnung des Armenwesens dem Problem beizukommen. Die klassischen Unterstützungsformen von Wohnung, Kleidung, Brennholz und Nahrungsmitteln an die Coburger Bedürftigen – nicht die auswärtigen – kurierten jedoch nur die Symptome, nicht aber die Ursache der Armut, die neben der witterungsbedingten Missernte und Teuerung auch aus der Verschwendung des soeben verdienten Lohnes ohne Bildung einer Rücklage herrührte. Dies veranlasste Eberhardt und ande-

BIOGRAFIE

POLIZEI-INSPEKTOR EBERHARDT: FREUND UND HELFER DER ARMEN

Georg Friedrich Christian Eberhardt (1791–1852) hatte sich als jugendlicher Magistratsschreiber, Kenner der französischen und italienischen Sprache sowie als Organisationstalent während der französischen Besetzung Coburgs ab 1806 bewährt. Mit 22 Jahren wurde er zum Polizeiinspektor der Stadt ernannt. Die »Polizei« umfasste noch im frühen 19. Jahrhundert nicht nur die Bewahrung von Ruhe und Ordnung sondern praktisch die gesamte innere Verwaltung. Der Inspektor hatte auch die Aufsicht über Märkte, Zünfte und Gewerbe, Feuerlöschwesen, Einwohnerlisten und – ganz zentral – über die Armenversorgung, was als Kehrseite auch die Bestrafung der Bettler beinhaltete. Die nachhaltige Verbesserung der Armenversorgung verstand Eberhardt als Ursachenbekämpfung: So richtete er in den Notjahren 1816 bis 1818 nicht nur eine öffentlich und spendenfinanzierte Suppenanstalt in seinem Wohnhaus ein, sondern organisierte ebenso die Pflege erkrankter Handwerksgesellen und Dienstboten, gründete den Frauen-Verein, die Waisen-Deputation und als arbeitsmarktpolitische Qualifizierungs-Institute die Sonntagsschule für Handwerksgesellen, den Kunst- und Gewerbeverein sowie das Augustenstift für weibliche Dienstboten. Sein zentrales Projekt war die Initiative für die 1821 gegründete Sparkasse, die Kleinstanlegern eine bescheidene Vermögensbildung ermöglichen und ihnen vor allem durch die Kreditvergabe gegen 6% Zinsen den Schutz vor Existenz gefährdenden Zinswucherern und Pfandleihern gewährleisten sollte. Darüber hinaus war Eberhardt *die feinste polizeiliche Spürnase seiner Zeit.*

Da ihm der Aufstieg in Coburg verwehrt wurde, ging er zunächst nach Gotha und – nach der Publikation wichtiger kriminologischer Schriften – von dort nach Dresden ans Innenministerium.

re Beamte, denen es um die wirtschaftliche Reformierung des Herzogtums ging, die Gründung einer Sparkasse umzusetzen, die die institutionelle Wurzel der heutigen Sparkasse Coburg-Lichtenfels ist.

Herzog Ernst I. und die »unruhigen« Coburger

Obwohl Herzog Ernst I. von Sachsen-Coburg-Saalfeld seit 1821 das Coburger Herzogtum in einer konstitutionellen Monarchie regierte, lebte er mit seinen Untertanen – zumal den Coburger Stadtbewohnern – in recht angespannter Beziehung. Ganz im Geiste des Spätabsolutismus handelnd, schöpfte er bei jeglicher bürgerlicher Aktivität den Verdacht des Umsturzes. Selbst die Sparkasse, die ebenfalls 1821 gegründete Sonntagsschule für Handwerksgesellen oder den Frauenverein (1820) beäugte die herzogliche Regierung zunächst argwöhnisch.

Einen ersten Anlass zum tatsächlichen Aufstand sahen die Coburger in der Trennung Ernsts von seiner jungen Frau Luise (1800–1831), der Mutter der beiden Prinzen Ernst (*1818) und Albert (*1819). Der autokratische Herzog hatte die jugendliche, 1800 geborene Prinzessin von Sachsen-Altenburg 1817 geheiratet. Im Lauf der Jahre hatten sich die beiden entfremdet und waren einander untreu geworden, was letztlich zur Trennung im Spätsommer 1824 führte. In der Bevölkerung hielten sich jedoch die Gerüchte, dass Luise unverdient verstoßen worden sei und ihr angeblich verleumderischer Kammerherr von Rosenberg bzw. der Geheimrat von Szymborski – der ihre Gelder veruntreut habe – die Schuld trügen.

Nachdem Luise am 28. August 1824 die Ehrenburg verlassen und im Schloss Rosenau angekommen war, drängte die zusammenströmende Bevölkerung sie zur Rückkehr, die sie am folgenden Tag antrat. In Dörfles spannten einige Hundert Menschen die Pferde aus und sich selbst vor die Kutsche, die vom jubelnden Volk in der Stadt begrüßt wurde. Man ließ den zögernden Herzog aus dem Schloss Ketschendorf in die Ehrenburg zu seiner Frau holen, um die beiden vereint zu feiern. Als am folgenden Tag auch dreschflegelbewaffnete Bauern in die Stadt drängten und die Auslieferung Szymborskis forderten, eskalierte die Lage: Ernst I. sah sich zur Anforderung des Militärs gezwungen, das jedoch die Demolierung des Hauses des zwischenzeitlich entkommenen Szymborskis nicht verhindern konnte. Erst am folgenden Tag konnte die Lage beruhigt werden und die bewaffnete Menge löste sich auf.

Karl Koch: Das alte Theater, 1855. In des Renaissance-Herzogs Johann Casimir Ballhaus von 1627–28 wurde 1827 das herzogliche Hoftheater, das heutige Landestheater, gegründet. Durch den klassizistischen Theater-Neubau von 1837–40 obsolet geworden, verwendete man einen Teil der Fassaden-Bögen des 1840 abgerissenen Ballhauses für die heutigen Schlossplatzarkaden.

Mit dem Aufstand zugunsten Luises hatte ihr das Volk jedoch einen Bärendienst erwiesen: Nun galt der Vorwurf des Hoch- und Landesverrates, dessen sie sich durch die die Unruhe auslösende Rückkehr nach Coburg schuldig gemacht hätte, als Begründung der Trennung. Im Scheidungsvertrag vom 2. September 1824 verzichtete sie unter dem Zwang ihres erbosten Ehemannes auf jegliches Erbe zu seinen bzw. der Kinder Gunsten.

Die Vereinigung Coburgs mit Gotha

Nach dem Aussterben der Linie Sachsen-Gotha-Altenburg 1825 kam es zur letzten ernestinischen Teilung, aus der durch den Vertrag von Themar 1826 unter anderem die neu gebildeten Herzogtümer Sachsen-Coburg und Gotha hervorgingen, die seitdem in Personalunion regiert wurden. Ernst I. hatte in dem der Teilung vorausgegangenen Streit unter den Nachkommen Ernsts des Frommen zwar formaljuristisch gesehen nur nachrangige Ansprüche, aber durch seine Ehe mit Luise von Sachsen-Altenburg, einer Nichte des letzten Gothaer Herzogs, die erfolgreichste Verhandlungsposition. Dem Erbe seiner geschiedenen Frau verdankte Ernst I. letztlich die Vergrößerung seines Machtbereichs um Gotha, wo im Gegensatz zu Coburg die altständische Ordnung weiterhin galt. Die Zahl der Untertanen des Herzogs erhöhte sich von 57 000 auf fast das Dreifache.

Der angespannten finanziellen Situation zum Trotz betrieb Ernst I. ein ehrgeiziges Bauprogramm, das innenpolitischen Zündstoff barg. Er veranlasste den Umbau seiner im Coburger Landesteil liegenden Schlösser Rosenau, Ehrenburg, Callenberg und der Festung Coburg in neogotischem Stil sowie den Neubau des klassizistischen Hoftheaters in Coburg. Zur Finanzierung dieser Bauprojekte fand er jedoch nur geringe Unterstützung bei seiner Verwandtschaft. Andere Finanzierungsquellen mussten erschlossen werden. Unter Umgehung der 1821 erlassenen Verfassung ließ Ernst I. in großem Umfang bis 1837 minderwertige Kreuzermünzen prägen. Deren Umtausch in Münzen, die der Münchner Münzkonvention von 1837 entsprachen, behinderte er durch die Beschränkung des Geldwechsels auf den 6. Dezember 1837 massiv und verursachte dadurch der Bevölkerung hohen wirtschaftlichen Schaden.
Außerdem betrieb Ernst I. eine die Coburger Stadtverwaltung brüskierende Immobilien-Ankaufspolitik. Dies führte zu heftigen verfassungspolitischen Auseinandersetzungen und ab den 1830er-Jahren zu mehreren vorzeitigen Auflösungen des Coburger Landtages.

Der Geist der Freiheit

Am 18. Oktober 1817 hatten die nach den antinapoleonischen Befreiungskriegen entstandenen studentischen Burschenschaften auf der Wartburg bei Eisenach den Sieg der Völkerschlacht bei

„Hier ist gut wohnen": Medaille auf den Umbau der Ehrenburg mit den von Schinkel geplanten neuen Schlossplatzfassaden.

BIOGRAFIE

SCHINKEL, DER PLANER DER NEOGOTISCHEN EHRENBURG

Karl Friedrich Schinkel (1781–1841) war noch ein unbekannter preußischer Bauassessor, als Herzog Ernst I. ihn 1810 nach Coburg holte. Während seines Aufstiegs zum Oberlandesbaudirektor des Königreichs Preußen entwickelte er sich zu einem der bedeutendsten Architekten des 19. Jahrhunderts. In Coburg sollte er 1810 den repräsentativen Umbau der stark renovierungsbedürftigen Stadtresidenz Ehrenburg planen, der letztlich bis 1840 andauerte. Schinkels Entwurf sah den Abriss der nordwärts gelegenen Hinterhofbebauung des Schlosses und der flankierenden Bürgerhäuser vor. So entwickelte er die nun freigestellten Seitenflügel zu neogotischen Flanken des neuen Ehrenhofes und legte eine erste Planung des heutigen Schlossplatzes vor. Durch die Drehung der Schlossorientierung von der engen, südlich gelegenen Steingasse nach Norden zum neuen, offenen Schlossplatz befreite Schinkel die Ehrenburg aus der städtischen Enge. Zugleich gestaltete er sie als herrschaftsrepräsentativen Ausgangspunkt der durch den zeitgleich geplanten Hofgarten gebildeten Verbindung zur Veste.

Leipzig von 1813 und Luthers Thesenpublikation von 1517 gefeiert. Im März 1819 ermordete der in Jena immatrikulierte Theologiestudent Carl Ludwig Sand (1795–1820) den der prorussischen Spionage verdächtigten Schriftsteller August von Kotzebue (1761–1819). Als direkte Reaktion darauf verabschiedete der Deutsche Bund im September 1819 die »Karlsbader Beschlüsse«, die der restaurativen Politik der Landesherrschaften im Reich zu einer gesteigerten Durchsetzungskraft verhalfen. Die französische Revolution des Jahres 1830 wirkte nicht nur in das unruhig werdende Rheinland und in die Pfalz, wo Bürger und Studenten 1832 das »Hambacher Fest« unter der schwarz-rot-goldenen Fahne für Freiheit und gegen die reaktionären Fürsten feierten, sondern auch in die Residenzstadt Coburg.

Ernst I. reagierte auf diese von ihm gefürchteten Umtriebe nicht nur mit Repressions- und Strafmaßnahmen. Im Zusammenhang dieser langfristigen Krise der autokratischen Fürstenmacht gewann die Neogotik der Herrscherhäuser an herrschaftslegitimierender Funktion: Um den an politischer Stärke gewinnenden demokratischen und national-liberalen Ideen auch auf symbolischer Ebene begegnen zu können, bemühten viele Herrscherhäuser ihre bis ins Mittelalter reichenden

HINTERGRUND

SCHWARZ-ROT-GOLDENE PFEIFENKÖPFE

Auch in Coburg trafen sich demokratisch-liberale Zirkel, so etwa im Biergarten der Gaststätte Fischer am Adamiberg. Es wurden Reden *aufrührerischen Inhalts gehalten, die ruchlosesten Gesänge gesungen und solche Blätter gehalten und vorgelesen* [...], *super,* wie es in dem Befehl der herzoglichen Regierung zur Auflösung dieser »Gesellschaft« heißt.

Zwei Maler der Porzellanmalerei Carl Schmidt, die 1818 von Saalfeld nach Coburg gekommen war, hatte die Regierung als die Rädelsführer ausgemacht, im Spätsommer 1832 verhaftet und später des Landes verwiesen. Die Porzellanmalerei hatte in diesen Jahren Pfeifenköpfe mit der schwarz-rot-goldenen Trikolore bemalt, die beschlagnahmt wurden. Der Betrieb selbst wanderte 1833 wegen der Pressionen der herzoglichen Regierung ins bayerische Ausland nach Bamberg ab.

Dynastie-Traditionen und bauten ihre Familienstammsitze repräsentativ aus. Dieser Bewegung verdankt die Veste Coburg ihre neogotische Renovierung.

Herrschaftslegitimierung

Nach dem Siebenjährigen Krieg (1756–63) war die Coburg ihrer militärischen Bedeutung als Landesfestung verlustig gegangen. 1802 wurde nach dem Verkauf der meisten Geschütze auch die Garnison aufgelöst.

Der historistische Umbau der Veste Coburg begann 1837 unter Herzog Ernst I. nach Plänen von Karl Alexander von Heideloff (1789–1865) und wurde ab 1844 unter Herzog Ernst II. bis 1864 fortgeführt. Die Renovierung entsprang letztlich dem gleichen Bedürfnis nach Herrschaftslegitimation wie die vorhergehenden Neugestaltungen der Schlösser Rosenau, Ehrenburg, Callenberg und Reinhardsbrunn. In der Architekturgeschichte ist das unter Ernst I. ab 1808 zum »romantischen Landschlösschen im neogotischen Stil« umgebaute Schloss Rosenau bei Rödental eines der frühesten Beispiele der Anwendung des »altdeutschen Styls« in Mitteleuropa. Sie hatte in dieser frühen Phase nicht den nationalstaatlichen Impetus wie in den späteren Jahrzehnten des 19. Jahrhunderts. Orientiert an der romantisch verklärten Macht der hochmittelalterlichen Kaiser und des Rittertums verband der Herzog damit symbolisch-repräsentative Funktionen zur Vermittlung und Legitimierung seines autokratischen Machtanspruchs. Dieser Motivationshintergrund wurde in der als Zentralraum konzipierten Bibliothek des Schlosses Rosenau manifest, in der Ernst I. nicht nur die von ihm buchstäblich begeistert gelesenen Ritterromane von Sir Walter Scott und Friedrich de la Motte Fouqué mit der Literatur zu Rittertum, Minne etc. aufstellen, sondern dort auch 1817 Wandmalereien nach Motiven dieser Autoren anbringen ließ.

Dass die Veste Coburg den Höhepunkt dieser Renovierungen bilden konnte, verdankte sie der Idee Ernsts I., durch ein mittelalterliches Erscheinungsbild der Coburg deren Charakter

Hugo Kreyssig (1873–1939): Veste Coburg, um 1900.

als Stammsitz der ernestinischen Linie zu betonen. Deutliches Indiz für seine Herrschaftsableitung aus der ins Mittelalter zurückreichenden Traditionslinie ist weiterhin Ernsts I. Pose im Hermelinmantel in der um 1835 entstandenen Gouache (s. Abb. S. 96). Er entlehnte sie dem Porträt Ludwigs XIV. von H. Rigaud (1701). Nicht nur körpersprachlich zitierte er den französischen »Sonnenkönig«, dessen Regierungs-Credo »L'État c'est moi« (Der Staat bin ich!) er sich zu eigen gemacht hatte.

Umrandet ist das Herrscherbild Ernsts I. von den Titularwappen des Herzogshauses. Der Blick des Betrachters schweift am Herzog vorbei aus dem angedeuteten Repräsentationsraum mit dem (goldenen) Staatswappen an der Wand über die neogotische Brüstung zu Schloss Reinhardsbrunn. Er selber posiert in neogotischer Prunkrüstung. Mangels Zepter stützt Ernst seine rechte Hand auf die Hüfte, die linke ruht auf einer Karte, die vor der Krone von einer Podestkante hängt. Auf dieser Karte sind die Namen der Residenzstädte Gotha und Coburg, aber auch die der Schlösser Reinhardsbrunn, Oberhof, Callenberg, Rosenau, Vestung Coburg, Ehrenburg und des Inselberges enthalten. Als Insignie der weltlichen Macht trägt Ernst ein langes, an einen Zweihänder erinnerndes Schwert am Gürtel.

Die symbolische Aussage dieses repräsentativen Porträts ist somit leicht entschlüsselt: Herzog Ernst I., absolut herrschender Monarch in seinen Herzogtümern Sachsen-Coburg und Gotha, ist nicht nur durch die Insignien seiner Herrschaft legitimiert, er stützt sich auch buchstäblich auf seine Residenzen und Schlösser, die wie sein Amt auf eine lange, im Mittelalter beginnende Geschichte zurückblicken können.

Wie schwierig sein Verhältnis zu den Untertanen bzw. zu deren Vertretern im Landtag noch in den späten 1830er-Jahren war, zeigt die Episode um die Dauerleihgabe des Inventars des ältesten Coburger Museums, der Sammlung der städtischen Rüstkammer an das 1839 neu eröffnete herzogliche Museum in der Festung. Am 11. April 1839 besuchte Herzog Ernst I. die ersten fertigen Räume der im Ausbau zur »mittelalterlichen« Burg befindlichen Festung Coburg. Er äußerte dabei gegenüber dem ausführenden Architekten Karl Görgel den Wunsch zur *Acquisition der noch vorhandenen Fragmente alter Rüstungen auf dem Rathausboden [und] der schönen alten Holzschnitzereien.* Es handelte sich hierbei um die mehrere Tausend Objekte umfassende Sammlung mittelalterlicher Waffen, Rüstungsteile und der vorreformatorischen Gemälde, Skulpturen und Plastiken aus den Coburger Kirchen. Görgel teilte den herzoglichen Wunsch am folgenden Tag dem Coburger Stadtkammerrat Christoph Friedrich Christian Keyßler mit der Bitte um Mitteilung der erforderlichen Modalitäten zur »Abholung der gewünschten Sachen« mit. Weil die Stadt Coburg dem Herzog vor allem beim Umgang mit fremden Vermögenswerten »nicht über den Weg traute«, zögerte sie die Übergabe der verlangten Sammlung zunächst monatelang hinaus und forderte schließlich eine herzogliche Urkunde zur Garantie des städtischen Eigentums an den Ausstellungsstücken als Ausleihbedingung, die Ernst I. erfüllte.

Dass die selbstherrliche Regierungsethik Herzog Ernsts I. von der Coburger Stadtverwaltung und vom Coburger Landtag nicht goutiert wurde, zeigt der politische Kontext dieser Leihgabe von 1839, die in der heißen Phase eines handfesten

Verfassungskonfliktes verhandelt wurde. Hintergrund dessen waren die finanzpolitischen Verfassungsbrüche im Zusammenhang mit dem neogotischen Umbau der Ehrenburg, der widerrechtliche Abbruch des städtisch kontrollierten Waisenhauses zugunsten des Hoftheater-Neubaus und die Prägung der minderwertigen Kreuzer bis 1837. Da aber auch die herzogliche »Notbremse« der ungnädigen Landtagsauflösung im Juli 1839 keine Lösung brachte, schwelte der Konflikt bis zum Tod Ernsts I. 1844 weiter. Städtischerseits war man äußerst misstrauisch und wusste nicht, ob das Sammlungsinventar nicht sofort weiterverkauft würde. Daher zwang die Coburger Stadtverwaltung den Herzog während dieser Verfassungskrise zur urkundlichen Bestätigung der Leihgabe, die bis zur Schenkung dieser Sammlung an die Kunstsammlungen der Veste Coburg 2009 gültig war. Die endgültige Abgabe dieser umfangreichen und für die spätmittelalterliche Stadtgeschichte wertvollen Objektgruppe gleicht einem weiteren Schritt weg von der Realisierung eines eigenen Museums zu Kultur und Geschichte der Stadt Coburg.

Neugestaltung des Festungsberges

Orientiert an der die Natur nachempfindenden Idee des englischen Landschaftsgartens ließ Ernst I. zunächst den Umgriff der Veste (um 1835) und den Hang oberhalb des Schlossplatzes bis zum Mausoleum (um 1840) anlegen. Zu diesem Zweck ließ der Herzog auch den alten, geometrisch-barocken Coburger Hofgarten überformen. Vollendet wurde der Park in seiner heutigen Größe und Gestaltung 1860 unter Herzog Ernst II. Dadurch wurde der neue Hofgarten konsequent als landschaftsarchitektonisches Bindeglied zwischen dem Residenzschloss Ehrenburg und der als Stammburg der herzoglichen Dynastie inszenierten Veste gestaltet: Umgesetzt wurde dies durch den zentralen offenen Wiesenraum des Landschaftsparks, »der sich von der Ehrenburg zur Veste hinaufzieht. Die mit dichtem Gehölz verdeckten Parkgrenzen [...] zwingen den Blick des Betrachters stets in den offenen Raum zurück

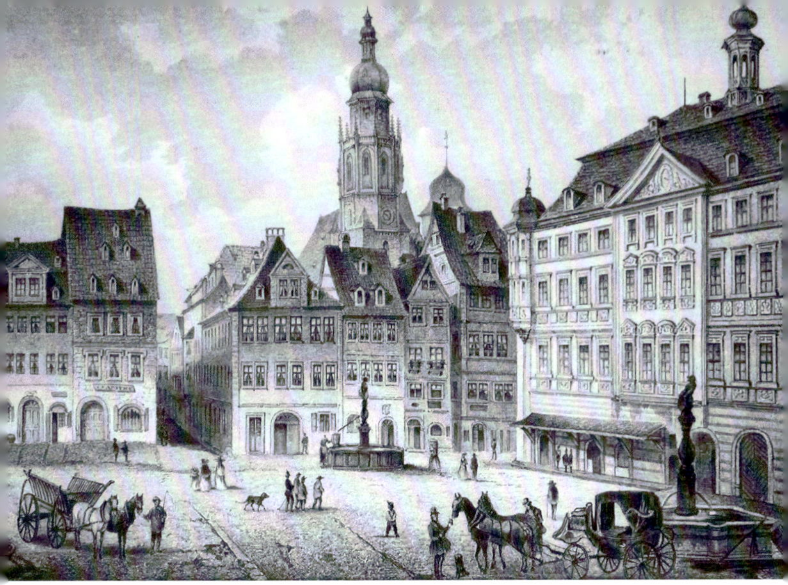

Marktplatz Coburg mit Rathaus und St. Moriz um 1850. Das Vordach am Rathaus wurde 1848 speziell für die revolutionäre Bürgerwehr angebaut.

und lenken ihn somit zur Veste oder – rückblickend – hinaus in die sich darbietende fränkische und thüringische Landschaft. [… Die Veste] ist der inszenierte Abschluß des Parks, ihre thronende Lage als ›fränkische Krone‹ gleichzeitig romantischer und auch ikonografischer Höhepunkt.«

Die Herzöge Ernst I. und II. schufen mit dem Hofgarten Raum für Spaziergänge jenseits des Alltags in ästhetisch gestalteter, der Natur nachempfundener Landschaft. Der Spaziergang war als bürgerliche Form der Freizeitgestaltung während der Aufklärung im späten 18. Jahrhundert entstanden. Entsprechend der naturrechtlichen Auffassung von der Gleichheit aller Menschen begegneten sich die spazierenden Angehörigen unterschiedlicher Stände während der Promenade jenseits der urbanen Enge im stadtnahen Park buchstäblich auf Augenhöhe. Die Coburger Herzöge ermöglichten mit dem Hofgarten ihren Untertanen und den Besuchern der Residenzstadt die Teilhabe an der Schönheit der Landschaft und an den weitreichenden Aussichten vom Festungsberg. Durch der Untertanen auch hierar-

Herzog Ernst I. von Sachsen-Coburg und Gotha vor Schloss Reinhardsbrunn, um 1835.

chiesymbolisch zu verstehenden Blick nach oben zur erhabenen Pracht der fürstlichen Veste unterscheidet sich dieser herrschaftliche Landschaftspark jedoch deutlich von bürgerlichen Beispielen wie dem Bamberger Hain oder der Wunsiedler Luisenburg.

Nur wenigen Betrachtern ist klar, dass die das heutige Erscheinungsbild der Veste wesentlich prägenden Bauteile nicht bereits im Mittelalter entstanden sind. Dies sind der »Rote«, »Blaue« (Haube), »Uhr«- und der »Bulgaren«-Turm, der »Herzogin-«, »Carl-Eduard-« sowie der »Fürsten-Bau«, das »Gästehaus«, die »Burgschänke«, die Nebengebäude des »Hohen Hauses«, die »Hohe Bastei«, die Mauerkronen mit den Wehrgängen und Schießluken sowie schließlich die diversen applizierten Abtritts- und sonstigen Erker. Diese über 40 Prozent des Bestandes betreffenden Bauten sind Neuschöpfungen der zweiten, burgenromantisch geprägten Renovierungsmaßnahme der Jahre 1909 bis 1924 unter Bodo Ebhardt (1865–1945).

Zentrum des Liberalismus unter Herzog Ernst II.

Aus gänzlich anderem Holz als sein Vater Ernst I. war Ernst II. (1818–1893) geschnitzt, der die verfassungs- und finanzpolitischen Verwerfungen der väterlichen Regentschaft glättete und das Kuriosum fertig brachte, Oberkommandierender der revolutionären Bürgerwehr Coburgs zu werden, die im Zuge der hier sehr ruhigen 1848er-Revolution entstand. Durch Ernsts nationalliberale Politik wurde die Residenzstadt an der Itz zur vielbesuchten Kongressstadt. Eitel und bis in die 1860er-Jahre die Öffentlichkeit suchend, erfreute sich der Herzog großer Popularität besonders bei der nord- und mitteldeutschen Bevölkerung, jedoch weitgehender Ablehnung bei seinen Standesgenossen. Seine Nichte Victoria von Hohenzollern (1840–1901), Tochter von Queen Victoria und spätere »Kaiserin Friedrich«, etwa beschrieb ihn als »völlig karakterlos, falsch, verlogen, renommistisch und intrigant«.

Nachdem Ernst II. in den eigenen Territorien die Wogen der 1848er-Revolution hatte glätten können, fiel ihm als dem

BIOGRAFIE

GUSTAV FREYTAG UND DAS NATIONALDENKMAL VESTE COBURG

Gustav Freytag (1816–1895) war als Autor und Journalist ein wichtiger Vordenker des die nationale Einheit Deutschlands anstrebenden Liberalismus. Eng mit dem gleichgesinnten Herzog Ernst II. befreundet, bot dieser ihm Asyl vor der politischen Verfolgung in Preußen. So erinnert Freytags Vorwort zu seinem wichtigsten Roman »Soll und Haben« an den 1853 auf dem Coburger Schloss Callenberg gegründeten liberalen »Literarisch-politischen Verein«. Als historischer »Lehrmeister« der deutschen Nation setzte Gustav Freytag mit der achtteiligen Romanfolge »Die Ahnen« (1872–1880) und insbesondere in deren erstem Buch »Ingo« mit der »Idisburg« der Veste Coburg ein literarisches Denkmal als Schauplatz des nationalen Ursprungsmythos'. Die Coburg erhob er an entscheidenden Stellen seines Historienromans zur Konstante der nationalen Einigung Deutschlands, was zugleich als Hommage an Herzog Ernst II. zu lesen ist. Dies dürfte gerade in Coburg von erheblicher Wirkung gewesen sein.

von der Frankfurter Nationalversammlung beauftragten Kommandeur der »Paulskirchen«-Truppen am 5. April 1849 der Sieg von Eckernförde in den Schoß. Damit war der deutsch-dänische Krieg um die Zugehörigkeit Schleswigs zum Deutschen Bund zunächst beendet. Ernsts Ruhm als »Sieger von Eckernförde« begründete seine deutschlandweite Popularität. Als nach dem Scheitern der Revolution die fürstliche Reaktion allenthalben triumphierte, schrieb er bürgerliche Freiheitsrechte im 1852 erlassenen Staatsgrundgesetz für seine Herzogtümer fest, die dadurch zum Hort des Liberalismus wurden. Rechtliche Grenzen zog er seinen Untertanen da, wo er seine herrschaftlichen Privilegien in Gefahr sah: So hat Ernst II. die Volkssouveränität, die er 1848 noch zugestanden hatte, für das 1852 erlassene Staatsgrundgesetz wieder gestrichen. Mit dem ebenfalls nationalliberal gesinnten Journalisten und Schriftsteller Gustav Freytag gründete der auch in seinen politischen Ansichten gefühlsbetont agierende Herzog 1853 den »Literarisch-

Politischen Verein«, der als konspirativer Zirkel die Basis einer reichsweit operierenden Partei werden sollte, was zwar an der Wachsamkeit der reaktionären Regierungen scheiterte, Ernst II. jedoch zunächst die Führungsrolle im deutschen Liberalismus sicherte.

Die Heirat von Ernsts ebenfalls liberal gesinnter Nichte Victoria mit dem Hohenzollern-Prinzen Friedrich Wilhelm 1858 und die »neue Ära« unter dem 1859 angetretenen Regenten und späteren König und Kaiser Wilhelm I. ließen den Herzog von Sachsen-Coburg und Gotha erneut ins Zentrum des aufstrebenden Liberalismus und der damit verknüpften militärischen Klärung der »deutschen (Nationalstaats-)Frage« rücken. Ernst II. träumte davon, als Kommandeur preußischer Truppen Frankreich – das mit Österreich um Norditalien kämpfte – schlagen und so die nationale Vereinigung als Führungsperson bewerkstelligen zu können. Der vor der bedrohlichen Kulisse der preußischen Mobilmachung eilig im Juli 1859 per Waffenstillstand beendete Italienkrieg ließ zwar diesen Traum des Coburgers platzen. Er strebte jedoch im September 1859 mit der Gründung des in Coburg residierenden Deutschen Nationalvereins in Frankfurt – der Reichsstadt der Kaiserwahlen des Alten Reiches – und durch die in seinen Residenzstädten stattfindenden nationalen Vereinigungen der Turner (Coburg, Juni 1860), der Schützen (Gotha, Juli 1861) und der Sänger (Coburg, 1862) die auf die breite kleinbürgerliche Basis des »Vierten Standes« gestützte geistige Einigung Deutschlands an.

Als Vorstufe sollte diese Ernsts politischer Sehnsucht folgend der politischen Einigung des liberalen, preußisch geführten Bundesstaates mit ihm als plebiszitärem Volkskaiser an der Spitze vorausgehen. Er wusste mit den Schützenvereinen die meisten bewaffneten Männer hinter sich, die er gegebenenfalls auch gegen resistente fürstliche Regierungen einzusetzen gedachte. Unter anderem der unter Garibaldi profilierte revolutionäre Militär Friedrich Wilhelm Rüstow (1821–1878) und der rebellische Scharlatan Karl-Friedrich Bollmann (1830–1863), die Ernst II. mit dem Aufbau einer Wehrorganisation des Liberalismus beauftragt hatte, trugen in diesen kritischen Jahren zur Verschärfung seiner Isolation als »katilinarische Existenz

HINTERGRUND

DER »DEUTSCHE STYL« PRÄGT COBURGS NEOGOTIK-RING

Die diametral ausgerichteten politischen Orientierungen der Neogotik sind in Coburg exemplarisch zu studieren: Die in diesem historistischen Stil gestalteten Umbauten der frühen Jahrzehnte des 19. Jahrhunderts – Rosenau, Ehrenburg, Callenberg und nicht zuletzt die Veste – waren dem herrschaftsrestaurativen und -legitimierenden Anspruch des autokratischen Herzogs Ernst I. verpflichtet. Unter der Regentschaft des nationalliberal gesinnten Sohnes, Ernst II., entstanden neogotische Bauten, die den von Alexander von Heideloff propagierten »deutschen Styl« als architektonischen Ausdruck des Strebens nach dem liberalen Einheitsstaat zeigen. Die herzogliche Reithalle am Schlossplatz (1852), Schauplatz des ersten Kongresses des Nationalvereins 1861, die Kirche St. Augustin (1855–60), die Lutherschule (1860–62), die zeitgleichen Bauten des Landkrankenhauses (Allee) und des Augustenstifts (Bahnhofstraße), das Gymnasium Ernestinum (1875) und das Forst-und Domänenamt (1879–80; heute Forstbetrieb Coburg der Bayerischen Staatsforsten) sind öffentliche Bauten, denen sich eine Fülle privater Villen und Wohnhäuser zugesellten, die noch heute einen Neogotik-Ring um die Altstadt bilden. Dieser stellt ein Spezifikum der Denkmalstadt Coburg dar, das in dieser Dichte einmalig ist.

gefährlichster Art« (Bismarck) nicht nur in Fürstenkreisen, sondern auch im Nationalverein bei.

Dies und der plötzliche Tod seines Bruders Albert im Dezember 1861 ließen den Herzog resignieren, der fortan nur noch eine Randexistenz im politischen Geschehen Deutschlands spielte, seiner Jagdleidenschaft verstärkt nachging und als »Hasen-Ernst« bzw. »Joppen-Herzog« den Zeitgenossen in Erinnerung blieb. Als Jäger der alten Schule maß er den Jagderfolg an der möglichst großen Zahl erlegten Wildes. Er ließ sich nicht von der um 1870 entstehenden »Waidgerechtigkeit« beeinflussen, die vorrangig beim Schalenwild den zurückhaltend abgegebenen gezielten Einzelabschuss von Trophäenträgern fordert. Mit Ausnahme des Kriegsjahres 1870 jagte Ernst II. alljährlich ab September in seinen thüringischen Territorien und im angekauften alpinen Großrevier Hinterriß. Durch diese viermonatigen Phasen der Abwesenheit beeinträchtigte die Jagdleidenschaft auch die Wirksamkeit seiner politischen Aktivitäten. Seine Spitznamen fanden auch in der Kladderadatsch-Karikatur »Ehre, dem Ehre gebührt!« ihren Niederschlag, die anlässlich des Spendenaufrufs zur Denkmalerrichtung vom August 1894 Ernst als Jäger mit dem Horn der Fortuna und der Fahne des Nationalvereins auf dem Sockel zeigt, dessen frontale Kartuschendarstellung »Eckernförde« darauf anspielt, dass der Herzog während der entscheidenden Phase der Schlacht von Eckernförde gar nicht anwesend war.

Industrialisierung

Als 1859 die letzten Zunftschranken gefallen und mit der Werra-Bahn der Coburger Bahnhof eröffnet worden waren, setzte sich die beschleunigt anlaufende Industrialisierung des Herzogtums in Gang, in deren Entwicklung die Residenzstadt auch das wirtschaftliche Zentrum mit dem stärksten Handelsumsatz und 48 % der Fabrikanlagen im Herzogtum (1898) wurde. Die Textilproduktion, die seit mittelalterlicher Zeit die stärkste Branche des produzierenden Gewerbes in der Stadt war, stellte auch in den Jahren um 1900 noch die meisten Betriebe. Daneben machten die Erzeugnisse der Korbmacher einen großen Anteil aus am exportorientierten Handwerk. Die Bevölkerung Coburgs hatte sich seit 1850 mehr als verdoppelt: Hier lebten jetzt fast 22 000 Einwohner.

Der vom Adamiberg aus aufgenommene Fotodruck Coburgs um 1880 (s. Abb. S. 103) zeigt die industrialisierte Residenzstadt des späten 19. Jahrhunderts, die sich aus ihrer mittelalterlichen Ummauerung gelöst und nach Norden im Umfeld des 1858 gebauten Bahnhofs entlang der Lossau ausgedehnt hat. Zwischen Bahnhof und Stadt entstanden die neuen Gründerzeithäuser um die zentrale Mohrenstraße sowie die Rückert-Schule an der Löwenstraße. Am nördlichen Rand dieser Vorstadt und in Cortendorf arbeiteten nun die neuen Porzellan- und Maschinenbaufabriken mit ihren

HINTERGRUND

IN COBURG GEHEN DIE UHREN ANDERS...

Mit dem Bahnanschluss (Eisenach–Coburg, Coburg–Sonneberg, Coburg–Lichtenfels) änderte sich auch der alltägliche Umgang mit der Zeit in der Stadt. War man bis dato die aus dem 16. Jahrhundert herrührende Vierteilung der Stunde durch die Kirchen- und Stadtturmglocken gewohnt, so musste man sich nun an den Minutentakt gewöhnen. Nur dadurch konnte man die fahrplanmäßig verkehrende Eisenbahn pünktlich erreichen. Erkennbar wurde diese neue Zeit an den Minutenzeigern, die man 1857 bis 1859 mit den zusätzlichen Laufwerken an den Zifferblättern der Türme einbauen ließ. Zwanzig Jahre später – 1878 – wurde schließlich die Uhr des in das preußische Netz integrierten Bahnhofs der für Coburg maßgebliche Chronometer, erhielt die Bahnstation doch per Funk das tägliche Signal der »Berliner Zeit« übermittelt. Bis zur reichsweiten Einführung der »Mitteleuropäischen Zeit« für die verschiedenen Bahnnetze 1893 gingen die Uhren im nur wenige Kilometer südlich von Coburg beginnenden Bayern nicht schon sprichwörtlich, sondern noch tatsächlich »anders«: nach der Münchner Zeit.

rauchenden, Aufschwung sowie Arbeit und Brot verheißenden Schloten.

Im Süden – an der Itz und an der Bahn – wurde 1854 die Gasfabrik (die heutige SÜC, die Städtischen Überlandwerke Coburg) eröffnet. Sie verschwelte zunächst das aus dem Thüringer Wald herangeflößte Holz zu Gas, dem Brennstoff der Straßenlaternen. 1865 – zwei Jahre nach dem Ende der Holzflößerei – stieg man auf Steinkohle um, die mit der Bahn angerollt kam. 1885 kaufte die Stadt das Gaswerk, das um die Versorgungssparten Wasser (1893) und Strom (1903) erweitert wurde. Als Zulieferbetrieb errichtete Joseph Geith 1857 in Oeslau das nach seiner Frau benannte Annawerk zur Produktion keramischer Gasleitungsrohre.

Im Umfeld des Hoftheaters entwickelte sich Coburg seit den 1860er-Jahren zu einem europäischen Zentrum der Theatermalerei. Das ältere Atelier von Friedrich Lütkemeyer stellte in seinen großräumigen Malersälen im Bereich des Bahnhofsplat-

E. Frank: Stadtansicht Coburgs um das Jahr 1880.

zes en masse Kulissengemälde »von der Stange« her, die per Katalog bestellt werden konnten. Das 1872 von den Brüdern Brückner gegründete und nach dem Tod Gottholds Ende der 70er-Jahre von Max allein weitergeführte »Atelier für szenische Bühnendekorationen« belieferte mit qualitätsvollen Vorhängen und Kulissen vor allem die Theater Meiningens und Bayreuths, wo Brückner seit den 1880er-Jahren die moderne Bühnenbildentwicklung der Wagner-Opern vorantrieb. Auch im weiter entfernten Ausland, von St. Petersburg bis Paris, inszenierte man – umrahmt von Brücknerschen Dekorationen.

Diesen Ateliers ist es auch zu verdanken, dass sich in Coburg eine ausgesprochen vielseitige Malerei-Szene in den Jahrzehnten um 1900 entwickeln konnte, verdienten sich doch viele Theatermaler mit Porträts oder Stadtansichten ein ansehnliches Zubrot.

Engländer auf dem Coburger Thron

Da Ernst II. 1893 kinderlos starb, ging die Thronfolge zunächst an seinen Neffen und Sohn von Königin Victoria von Großbritannien, Alfred (1844–1900). Nach dem Tod Alfreds, dessen Sohn vor ihm verstarb, ging die Erbfolge auf den noch minder-

BIOGRAFIE

OBERBÜRGERMEISTER RUDOLF MUTHER

Rudolf Muther (1823–1898) lenkte die Geschicke der Stadt Coburg von 1865 bis Ende 1897. In seiner Amtszeit modernisierte er mit den Stadtverordneten und der Magistratsverwaltung die rapide industrialisierte und wachsende Residenzstadt auf allen Ebenen der Daseinsvorsorge und der Verwaltung. Er reformierte die frühneuzeitliche Abgabenstruktur zum modernen Steuersystem, das bei einem 60%-igen Bevölkerungswachstum die kommunalen Einnahmen um ca. 350% steigerte. Dies war nötig, um die der Stadterweiterung und der Hygiene verpflichteten Bauaufgaben wie die neuer Straßen und die Pflasterung der alten, Hochdruck-Wasserversorgung von außerhalb, Kanalisation, Hochwasserschutz, Turnhalle, Rückert-Schule, Schlachthof, Gas-Straßenbeleuchtung sowie die der Friedhofserweiterung bewerkstelligen zu können. Flankierend verlangte die expandierende Stadt eine einheitliche, modernisierte Feuerwehr und eine kontinuierliche Armenfürsorge. Für seine Verdienste schenkten ihm die Stadt, ihre Beamten, Geistlichen und Lehrer zum 25-jährigen Amtsjubiläum 1890 ein von der Coburger Hoflieferanten-Fabrik Hoffmeister & Grasser höchst qualitätsvoll gefertigtes, historistisches Buffet mit Silberbesteck.

jährigen Charles Edward (1884–1954), Herzog von Albany und Enkel von Queen Victoria, über.

Die Kraft des Liberalismus war in den Herzogtümern Sachsen-Coburg und Gotha zwischenzeitlich deutlich zugunsten des Nationalismus verblasst und man wehrte sich gegen die Bevormundung durch die »Ausländer« Queen Victoria und Herzog Alfred, die sich als tonangebende Personen auf Charles Edward verständigt hatten. Daher wurde dessen »deutsche Erziehung« zur Regierungssache in den Herzogtümern, die sein Großcousin, Kaiser Wilhelm II. (1859–1941), unter dem Dach der preußischen Kadettenanstalt Lichterfelde so erfolgreich organisierte, dass aus dem englischen Prinzen ein deutscher Chauvinist wurde. Die fünf Jahre bis zu seiner Volljährigkeit überbrückte die Regentschaft des Erbprinzen Ernst zu Hohenlohe-Langenburg (1853–1950), des Schwiegersohnes

Ernst-Alexandrinen-Volksbad und die umgebende Anlage, 1907–1977.

von Herzog Alfred. Am 19. Juli 1905, seinem 21. Geburtstag, übernahm Herzog Carl Eduard – wie er sich nun nannte – die Regierung. Die erste Station in den gemeinsam regierten Herzogtümern war Gotha, das als größere und finanzkräftigere Schwesterresidenz seit der Bildung des zweigeteilten Territoriums 1826 in argwöhnischer Konkurrenz mit dem kleineren Coburg stand.

Am Vormittag des 23. Juli 1905 erwartete ein Empfangskomitee Carl Eduard am Bahnhofsplatz in Coburg, von wo aus er zum Residenzschloss Ehrenburg begleitet wurde. Der Konvoi passierte auch das Spitaltor, das seit hochmittelalterlicher Zeit den nördlichen Zugang zur Innenstadt bildet und dessen Dekoration zu diesem Anlass selbstbewusst die »Coburgia«, die Personifikation der Stadt, zeigte.

Coburg hatte allen Grund zum selbstbewussten Auftreten, war die Residenzstadt doch auch in Sachen Steuerkraft zur führenden Kommune im Herzogtum geworden, von der nicht zuletzt das Herzogshaus profitierte und die eine wesentliche Basis des bürgerlich-kommunalen Selbstbewusstseins darstell-

JUGENDSTIL

Zeigte sich das Städtische Museum unversehens als eine Präsentation zeitgenössischer Plastik und Malerei, so war zeitgleich der Jugendstil als die bedeutendste gegen die überlebten Historismen ausgerichtete, neue Formen kreierende »Reform«-Kunstbewegung in der Architektur der Stadt unübersehbar. Der Stadtbaumeister Max Böhme plante die beiden 1907 eröffneten Gesamtkunstwerke der Heiligkreuzschule (Schleifanger) und des Ernst-Alexandrinen-Volksbades (Fragment an der Alfred-Sauerteig-Anlage). Die Bauunternehmer und Architekten Berger, Leheis und Schaarschmidt errichteten zum Teil ganze Straßenzüge. So hat Otto Leheis mit der oberen Alexandrinen- und Marienstraße den größten Jugendstil-Komplex erbaut, der aber wegen der Insolvenz des Bauträgers hausweise versteigert werden musste. Mit dem »Sonnenhaus« (Alexandrinenstraße 4) hat er aber eines der eindruckvollsten Beispiele der Jugenstilarchtitektur in Süddeutschland geschaffen.

te. Auch dauerhaft präsentierte sich die Residenzstadt, deren wiedererwachtes historisches Bewusstsein im Städtischen Museum im renovierten Rathaus seinen Ausdruck fand. Im November 1905, als der frisch vermählte Herzog mit seiner Frau Victoria Adelheid in Coburg einzog, eröffnete man das Museum im Beisein des herrschaftlichen Paares.

Die protokollarisch perfekt organisierten Einzüge in der kleinen Residenz können symptomatisch für den spätabsolutistischen Regierungsstil Carl Eduards gewertet werden, der außer gegenüber den Schützenvereinen in gehemmt distanziertem Verhältnis zum Volk lebte und die Jagd sowie das höfische Zeremoniell bevorzugte. Während des Ersten Weltkrieges versuchte der Gemeinschaftliche Landtag den gesellschaftlich isoliert agierenden Hof in den Staat zu reintegrieren und forderte im Oktober 1915 eine Gesetzesvorlage, mit der »Angehörige außerdeutscher Staaten von der Thronfolge in der Regierung der Herzogtümer« ausgeschlossen werden sollten. Carl Eduard folgte dieser Initiative, die sich unter anderem gegen seine eigene Familie, das britische Königshaus »von Sachsen-Coburg

ANNA B. ECKSTEIN UND DER TRAUM VOM FRIEDEN

Anna B. Eckstein, Fotografie um 1890.

Die Coburger »Völkerbundstante« Anna B. Eckstein (1868–1947) lebte nach zwanzigjährigem USA-Aufenthalt etwa seit 1910 wieder in ihrer Heimatstadt. Beeinflusst durch Berta von Suttner war sie zu einer zentralen Figur der feministischen Friedensbewegung geworden, die seit der zweiten Haager Friedenskonferenz weltweit Millionen von Unterschriften unter die »Weltpetition zur Verhütung des Krieges zwischen den Staaten« sammelte. Noch während des ersten Weltkrieges erweiterte sie diese Eingabe zum Entwurf eines »Staatenschutzvertrag[es] zur Sicherung des Weltfriedens«, der 1919 in der Schriftenreihe des Kieler Instituts für Internationales Recht gedruckt wurde. Nach ihrem Engagement für die Idee des Völkerbunds während der 1920er-Jahre versagten ihr die Nazis während des Dritten Reiches die publizistische Tätigkeit für den Pazifismus.

und Gotha« wendete. Erst im März 1917 jedoch konnte das Landesgesetz gegen den diplomatischen Widerstand Berlins durchgesetzt werden. Die britische Reaktion der Auflösung der dynastischen Bande des seitdem Windsor genannten Königshauses folgte prompt im Juli desselben Jahres. Sie war aber wohl auch der Tatsache verpflichtet, dass die »Gotha-Bomber«, die im Juni London angegriffen hatten, in der Schwesterresidenz Coburgs gebaut worden waren.

Während des Ersten Weltkrieges ging es der Coburger Wirtschaft und in der Folge auch der arbeitenden Bevölkerung erheblich besser als in anderen Städten und Gegenden Deutschlands, wo die Menschen unter Arbeitslosigkeit, Armut und

Hunger litten. Bereits im zweiten Kriegsmonat September 1914 gelang es durch Intervention des Neustadter Reichstagsabgeordneten Max Oskar Arnold erste Rüstungsaufträge in Form von Geschosskorb-Flechterei für das Coburger Land zu akquirieren. Aufträge zur Granatendreherei und Näharbeiten trugen ebenfalls zu einer zwar wellenhaft verlaufenden, aber zu Vollbeschäftigung und guten Gewinnen führenden Kriegskonjunktur bei, die erst in Folge des Waffenstillstandes am 11. November 1918 abrupt endete.

Zur Nahrungsmittelknappheit kam es jedoch trotzdem in Coburg: Die seit der Zeit um 1500 verlässlichen Gemüse- und – später – Kartoffelzufuhren aus Bamberg gingen seit dem Sommer 1915 zurück und blieben ab Anfang 1917 weitgehend aus. Hintergrund waren Düngerknappheit und die Missernte nach dem verregneten Herbst 1916, die zu einem weitgehenden Totalausfall der von Fäule betroffenen Kartoffeln führte. Die Stadt Coburg hat seit 1916 durch die Ausweisung ca. 32 Hektar zusätzlichen Gartenlandes gegengesteuert. Mit den vorhandenen Hausgärten gab es nun rund 200 Hektar Gemüseanbaufläche. Hierdurch und durch umfangreiche Lieferungen aus dem Umland konnte der 75 Tonnen umfassende städtische Jahresbedarf weitgehend gedeckt werden, so dass Gemüse mit Ausnahme von Kohlrüben und Kartoffeln in Coburg im Gegensatz zu anderen Lebensmitteln nicht der Zwangsbewirtschaftung unterlag.

Von der Hauptstadt des »Freistaates Coburg« zur bayerischen Kreisstadt 1919/20

Carl Eduard sollte der letzte Herzog von Sachsen-Coburg und Gotha sein. Obwohl es in Coburg sehr ruhig war, resignierte er während der im SPD-dominierten Gotha turbulenter verlaufenden November-Revolution 1918 als einer der letzten deutschen Monarchen am 13. November 1918, indem er lediglich mitteilen ließ, dass angesichts der sozialistischen Regierung in Deutschland kein Platz mehr für »Einzelmonarchien« sei.

Paul Röhrig/C. Poellath: Gedenkmedaille zur Vereinigung der Freistaaten Coburg und Bayern, 1920.

Daraufhin erklärten sich die Arbeiter- und Soldatenräte in Coburg und Gotha als Regierungsorgan. Dies kam der Ausschaltung des »Gemeinschaftlichen Landtages« der beiden Herzogtümer gleich und ließ die verfassungsrechtliche Bindung Coburgs an das ungeliebte Gotha entfallen. In der südlichen Residenz nutzte man die Gunst der Stunde, wählte im Spätwinter 1919 eine eigene Landesversammlung und nannte sich »Freistaat Coburg«. Da jedoch schnell klar war, dass die Miniatur-Republik keine autonome wirtschaftliche Perspektive hatte, konnte das zukünftige Schicksal nur im Anschluss an Thüringen, Bayern oder Preußen liegen.

Nachdem man im Verlauf des Sommers 1919 den Herzog abgefunden und aus dem in Staatseigentum übergegangenen allodialen Besitz mit den Domänen, Forsten, dem Theater, dem Naturkundemuseum, den Kunstsammlungen und der Veste sowie der Ehrenburg die Coburger Landesstiftung gegründet hatte, wurde Coburg deutschlandweit »der erste Fall, in dem nach dem Weltkrieg das Selbstbestimmungsrecht geradezu idealtypisch Anwendung fand.« In der am 30. November 1919 abgehaltenen Volksabstimmung zur Frage des Beitritts Coburgs zu Thüringen siegten die Bayern-Befürworter, die in der Vereinigung mit dem großen Freistaat auch ein Ende der seit dem Beginn des Ersten Weltkriegs andauernden Mangelsituation auf dem Ernährungssektor erwarteten: 88,1% der 29 624 Wähler stimmten gegen einen Anschluss an Thüringen. Diese Volksabstimmung war den Coburgern offenbar nicht so wichtig wie die Wahlen auf Reichsebene, auf der die wesentlichen Weichen für die Zukunft gestellt wurden: Die Wahlbeteiligung lag erheblich unter der reichsweiter Abstimmungen. Die gewichtigen Folgen der Entscheidung gegen Thüringen wurden erst nach dem Zweiten Weltkrieg deutlich, als der »Eiserne Vorhang« an den Landkreisgrenzen zu Thüringen zugezogen worden war.

Nun ging die Vereinigung der beiden Staaten recht schnell über die Bühne: Die Vertreter Bayerns und Coburgs handelten in der ersten Februarhälfte den Staatsvertrag aus, der unter anderem den Verbleib des Besitzes der Coburger Landesstiftung sowie den einiger Behörden und Institutionen (Gewerbeaufsichtsamt, Forst- und Domänenamt, Landestheater, Landesarchiv, Landesbibliothek sowie Industrie- und Handelskammer) in der nunmehr kreisfreien Stadt mit Landkreissitz garantierte. Am 1. Juli 1920 hörte schließlich die über 300-jährige Coburger Eigenstaatlichkeit auf zu existieren.

Die Medaille zur Volksabstimmung und zur Vereinigung mit Bayern hätte die Stadtpersonifikation »Coburgia« nicht treffender als in der nachdenklich-skeptischen Pose zeigen können: Das eine Ziel, die staatsrechtliche Trennung von Gotha, hatte man erreicht. Die Coburger erhofften sich aber auch nach dem hoffnungsvoll herbeigesehnten 1. Juli 1920 mehr Nahrungsmittel als bisher, denn die Zwangsbewirtschaftung wurde zunächst weitergeführt. Als dann im Herbst Großhändler die nunmehr frei verkäuflichen Ernteerträge aufkauften und nur zu Wucherpreisen abgaben, kam es erneut zu Unruhen in der Stadt Coburg.

Coburg als »Reagenzglas« der nationalsozialistischen Machtergreifung

Kaum in Bayern angekommen, begann Coburg eine deutschlandpolitische Sonderrolle zu spielen, die die Stadt zu einem Mythos des Nationalsozialismus werden ließ.

Zur Vorgeschichte dieser Entwicklung gehören die Auswirkungen der Morde an Matthias Erzberger im August 1921 und an Walter Rathenau im Juni 1922. Erzberger hatte im November 1918 den Waffenstillstand in Compiègne unterzeichnet und Rathenau war als Außenminister um einen Ausgleich mit den Siegermächten des Ersten Weltkrieges bemüht. Daher wurden beide von rechten Gruppierungen nicht nur als »Erfüllungspolitiker« des »Versailler Diktatfriedens« beschimpft, sondern gerieten auch ins Fadenkreuz des Freikorps »Marinebrigade Ehrhardt«, die bzw. deren Nachfolge-»Organisation Consul« beide Politiker ermordete.

Nicht so sehr der Schutz, den der Freikorps-Kommandant, Ex-Kapitän Hermann Ehrhardt, im Coburger Privatschloss Callenberg des ehemaligen Herzogs Carl Eduard fand, erschütterte die Stadt, vielmehr waren es zwei Demonstrationen. Eine Woche nach dem Erzberger-Mord protestierten die »Unabhängigen« und die »Mehrheits«-Sozialisten im Rahmen einer reichsweiten Kundgebungswelle auch in Coburg. Nachdem die Landespolizei des rechtskonservativ regierten Freistaates Bayern in der Spitalgasse den Protestzug unter Maschinengewehr-Feuer genommen, etwa zwanzig Demonstranten verletzt und einen getötet hatte, ging dieser 3. September 1921 als schmerzlich erinnerter »Coburger Blutsonnabend« und als enttäuschendes Ergebnis der Vereinigung mit Bayern in das kollektive Bewusstsein der republikfreundlichen Kräfte ein. Nach dem Rathenau-Mord wurden die militanten rechtsradikalen Organisationen reichsweit verboten. Da die Regierung Gustav von Kahr in der selbsternannten »Ordnungszelle Bayern« dieses Verbot

Fahne des Deutschvölkischen Schutz- und Trutzbundes während des Dritten Deutschen Tages in Coburg.

unterlief, rückte das von konservativem Bürgertum und durch einen hohen Organisationsgrad des ebenfalls verbotenen »Deutsch-Völkischen Schutz- und Trutzbundes« (DVST) geprägte Coburg ins Zentrum des propagandistischen Interesses der rechten Gruppierungen.

Hitlers Premiere auf der Coburger Bühne im Oktober 1922

Sowohl die aktive DVST-Gruppe um den Volksschullehrer Hans Dietrich als auch die zentrale Lage Coburgs im Norden Bayerns führten dazu, dass der sogenannte dritte »Deutsche Tag«, der gleichermaßen Heerschau und Propagandatreffen deutschvölkischer Bünde mit Tausenden von Teilnehmern war, am 14. und 15. Oktober 1922 hier stattfinden sollte. Der mit der Organisation betraute Dietrich legte großen Wert darauf, dass auch der wegen seiner agitatorischen Kompromisslosigkeit und seiner militanten SA bereits außerhalb Münchens bekannte Adolf Hitler »mit einigen Herren seiner Begleitung« nach Coburg kam: Hitler verstand den »Wink mit dem Zaunpfahl«, charterte einen spendenfinanzierten Sonderzug und fuhr mit ca. 650 bayerischen SA-»Begleitern« nach Coburg.

Durch den »Blutsonnabend« ein Jahr zuvor sensibilisiert, mobilisierte die SPD etwa 200 Gegendemonstranten aus Coburg und Südthüringen, um vor allem der »Hitlergarde« Paroli bieten zu können. SA und SPD provozierten sich gegenseitig auf dem Weg vom Bahnhof in die Innenstadt und von dort bis zum Quartier der missliebigen Gäste in der alten Angerturnhalle. Die dadurch entstandene erbitterte Straßenschlacht dauerte bis in die Nacht zum 15. Oktober und endete erfolgreich für die Nazis, die tags darauf im Hof der Veste Coburg eine Siegesparade abhielten.

Als weiterer Erfolg dieses ersten Großauftrittes außerhalb der »Münchner Käseglocke«, dessen Presseecho Hitler und die NSDAP schlagartig im ganzen Reich bekannt machten, konnte auch der Beifall Coburger Bürger bei der abendlichen Abfahrt verbucht werden. Hitler hatte sich mit der SA als schlagkräftige und durchsetzungsfähige Gruppierung gegen den beschworenen »roten Terror« empfohlen, der angeblich von dem ansässigen jüdischen Fleischindustriellen Abraham Friedmann finanziert worden sein soll: Ein Gerücht, das passgenau dem gängigen Feindesklischee der Nazis entsprach.

Mit seinem in »Mein Kampf« gewürdigten »Zug nach Koburg« legte Hitler den Grundstock der Entwicklung Coburgs zur ersten Nazi-Stadt Deutschlands und zu dem davon abgeleiteten NS-Mythos der Kleinstadt. Der Übertritt des Nürnbergers Julius Streicher, des bedeutendsten fränkischen antisemitischen Agitators, zur NSDAP ließ diese ab dem Herbst 1922 in Franken zur wichtigsten völkischen Gruppe aufrücken; in Coburg sollte sie bis 1933 Wahlergebnisse erzielen, die deutlich über dem Reichsdurchschnitt lagen.

NS-Kommunalpolitik in Coburg von 1929 bis 1933

Die Nazis der Mehrheitsfraktion traten im Sommer 1929 als »Saubermänner« an, die vorgaben, nichts anderem als dem Gemeinwohl, der Sparsamkeit, der Entlastung der Bürger und

HINTERGRUND

23. JUNI 1929: COBURG WIRD ERSTE NS-STADT

Nachdem die Nazis 1924 zu dritt in den Stadtrat eingezogen waren, startete der NS-Fraktionschef Franz Schwede 1928 eine heftige Kampagne gegen den als exemplarisches Opfer des Coburger Antisemitismus erkorenen Abraham Friedmann. Daraufhin drohte dieser den Städtischen Werken, deren Maschinenmeister Schwede war, mit der Kündigung des Strom- und Koksbezuges. Als Schwede eine Unterlassungserklärung verweigerte, kündigte ihm die Stadt Mitte Februar 1929. Die NSDAP strengte nun ein erfolgreiches Volksbegehren zur Auflösung des bürgerlich dominierten Stadtrats an. Die folgende Neuwahl am 23. Juni 1929 bescherte den Nazis dank der aktiven Unterstützung Hitlers und anderer Größen der NSDAP vor Ort den erdrutschartigen Gewinn der Stadtratsmehrheit von 13 der 25 Mandate. Erstmals hatten die Nazis in Deutschland eine parlamentarische Mehrheit erreicht.

der verbesserten Unterstützung der Wohlfahrts-Erwerbslosen uneigennützig dienen zu wollen. Gleichzeitig folgten sie in Kooperation mit den Münchner Parteigenossen dem strategischen Ziel der NS-Kommunalpolitik, die Reichsfinanzen durch die eigenmächtige Abschaffung staatlicher Steuern zu zerrütten.

Im Interesse ihres Anspruchs der Bürgerfreundlichkeit schoben die Nazis schon im Sommer 1929 den steuerpolitischen »schwarzen Peter« der Regierung von Oberfranken zu: Sie senkten Steuern und erhoben als vorgeschobenen Ausgleich erstmals im Reich eine Sondersteuer für Warenhäuser, um deren ausschließlich jüdische zu schröpfen. Schließlich verabschiedeten die Nazis einen um 727 000 RM defizitären Haushalt und ernteten dafür den Beifall der Bürgerschaft. Diese allein die »Volksgemeinschaft« begünstigende Finanzpolitik war ein wesentlicher Baustein der »Gefälligkeitsdiktatur« (Götz Aly), die den Nazis letztlich bis zum bitteren Ende des Zweiten Weltkrieges die Macht sichern sollte. Die Coburger Nazis konnten dieses »Schwarzer-Peter«-Spiel bis 1932 betreiben, wohl wissend, dass die geschmähte »unvölkisch«-demokratische Bezirksregierung den Haushaltsausgleich, sprich die

Wiedereinführung der gestrichenen Steuern in Form von Zwangsetats bewerkstelligen musste.

Um ihre Mehrheit zur absoluten auszubauen – mit den zwei Bürgermeistern hatte das Stadtparlament 27 Stimmen, von denen die Nazis anfänglich 48% stellten –, setzten sie 1930 einen dritten Bürgermeisterposten durch, den Franz Schwede einnahm. Ein Jahr später rückte er zunächst zum zweiten und dann zum Oberbürgermeister auf. Als massives Mobbing sind die permanenten Angriffe auf die bürgerlichen Bürgermeister zu bezeichnen, mit denen die Nazis jene aus dem Amt drängten. Jedem Schritt Schwedes auf der Karriereleiter folgte ein weiteres NS-Mitglied als Nachrücker, so dass man schließlich inklusive der Bürgermeister 17 von 28 Stimmen (61%) hatte.

Selbst vordergründig caritative Einrichtungen wie das »Winterhilfswerk« und der »Reichsarbeitsdienst« haben ihr Versuchsstadium im Coburger »Reagenzglas« ab 1930 so erfolgreich durchlaufen, dass sie im Zuge der vollendeten Machtergreifung als reichsweite Propaganda- und Disziplinierungsinstrumente eingeführt wurden. Winterhilfe stand schon in Coburg nur bedürftigen »Volksgenossen« zu. Juden und Regimegegner gingen leer aus. Der kasernierte, sogenannte »freiwillige Arbeitsdienst« für jugendliche Erwerbslose war die verpflichtende Voraussetzung, um Erwerbslosenunterstützung erhalten zu können. Einen Großteil des mageren Salärs behielt die Stadtverwaltung jedoch zur Finanzierung von Kost, Logis und Kleidung sowie eines Treuhandkontos ein.

Auch die Städtischen Werke, die Schul- und die städtische Polizeiverwaltung brachte man bis 1931 in die Hände von NS-Parteigenossen. Die Stadtpolizei – die bis 1932 ausnahmslos aus Nazis rekrutiert wurde – war denn auch die Quelle der Waffenscheine für Himmlers SS in München, die die dortige Stadtverwaltung wohlweislich nicht ausstellen mochte.

Symbolpolitik

Nicht nur im Reichspräsidenten-, auch in den beiden Reichs- und in den Landtagswahlkämpfen des Jahres 1932 verstanden

BIOGRAFIE

KONRAD SOERGEL: EIN OPFER DER NAZIS

Konrad Soergel (1877–1940) hatte 1919 den Direktorenposten der Städtischen Sparkasse Coburg angetreten und das Institut nicht nur erfolgreich durch die Inflation geführt, sondern während der späteren 1920er-Jahre zu einem der erfolgreichsten Institute in Bayern gemacht. Die Nazis hatten ihn schon vor der Stadtratswahl 1929 im Visier. Nach ihrem Wahlsieg im Juni 1929 stellte sich Soergel gegen die ruinöse Finanz- und Kreditpolitik Schwedes, der ihn mit allen Mitteln bekämpfte. Am 10.April 1931 wurde der Sparkassenchef schließlich beurlaubt und bis 1936 mit Gehaltskürzungen, Konfiszierung von Sparguthaben und Strafverfahren überzogen. Seine Ausschaltung diente dem Ziel, die gewinnträchtige Sparkasse abschöpfen zu können, um parteinahe bzw. parteieigene Betriebe wie eine Dresdner Zigarettenfabrik oder den *Völkischen Beobachter* per Kredit über Wasser zu halten, obwohl dies das gesetzlich vorgeschriebene Minimum der Liquiditätsreserve der Bank unterschritten hätte. Soergel konnte diese Versuche 1930 noch abwenden. Nicht verhindern konnte er die propagandistisch motivierte Senkung der Hypothekenzinsen, Schuldenerlasse für NS-Parteigenossen und die Teilfinanzierung des defizitären städtischen Haushalts mit Großkrediten der Sparkasse, die nicht zurückgezahlt werden sollten, geschweige denn konnten.

Als am 24. Juni 1936 das letzte Gerichtsverfahren gegen ihn zu Ende ging, musste die Stadt Coburg nicht nur alle Verfahrenskosten für die als haltlos beurteilten Anschuldigungen tragen, sondern auch alle Gehaltskürzungen nachzahlen. Durch die permanenten Angriffe schwer herzkrank geworden, starb Soergel 1940 an einer Lungenembolie.

es die Nazis, ihre angeblichen Erfolge auf dem Coburger Experimentierfeld propagandistisch »zu verkaufen«. Auch vor Ort setzten sie eindeutige Zeichen des Durchsetzungswillens für ihr pseudoreligiös verbrämtes Programm des »Dritten« bzw. des »Tausendjährigen Reiches«.

So hisste die NS-Fraktion während einer Festsitzung des Stadtrates zum 60. Jahrestag der Versailler Gründung des zweiten Kaiserreiches am Coburger Rathaus als erstem deut-

Das Coburger Rathaus mit Hakenkreuzbanner am 18. Januar 1931.

schem Amtsgebäude ein selbstgebasteltes monumentales Hakenkreuzbanner, mit der man den Willen zur Vollendung der Bismarck'schen Idee des starken und geeinten deutschen Reiches deutlich machen wollte.

Am 14. Juni 1931 beging man feierlich das historisch »zurechtgebogene«, angebliche 600-jährige »Selbstverwaltungsjubiläum« der Stadt Coburg, die 1331 lediglich eine Mehrung ihres Stadtrechtes um das von Schweinfurt erfahren hatte. Dieses Jubiläum inszenierte man vor allem als salbungsvolle Basis für Angriffe auf die oberfränkische Bezirksregierung, die der Stadt im Jahr zuvor wegen ihrer defizitären NS-Haushaltspolitik die finanzielle Selbstverwaltung entzogen hatte.

Am 26. Februar 1932 erhielt Hitler mit dem Titel des Braunschweiger Regierungsrates die deutsche Staatsbürgerschaft und somit das aktive sowie das für seine Ambitionen der Reichspräsidenten- bzw. -kanzlerschaft bedeutsame passive Wahlrecht. Unmittelbar nach dieser Ernennung Hitlers zelebrierten die wohlinformierten Coburger Nazis an diesem Tag eine Stadtratsfestsitzung, während derer sie als Erste Hitler das Ehrenbürger-

„Coburger Ehrenzeichen", Kopie, um 1935.

recht einer »deutschen Stadt« verliehen. Das Datum 26. Februar war auch parteigeschichtlich von symbolischer Bedeutung: Am 26. Februar 1924 hatte der Prozess gegen Hitler und seine Spießgesellen, mit denen er im November 1923 den Putsch an der Münchner Feldherrnhalle versucht hatte, begonnen. Nachdem die NSDAP als Folge dieses Prozesses verboten und Hitler zu Festungshaft verurteilt worden war, gründete sich die Nazi-Partei just am 26. Februar 1925 wieder neu.

Im Herbst, am 10. Jahrestag des dritten »Deutschen Tages« mit seinem zwischenzeitlich mystifizierten »Zug nach Koburg« ließ Hitler den Veteranen von 1922 mit dem »Coburger Ehrenzeichen« einen der ranghöchsten NS-Parteiorden verleihen. Diese Anstecknadel wurde so begehrt, dass sie sich während der NS-Diktatur einer Vielzahl gefälschter Kopien erfreute.

Im April 1934 schließlich – im zweiten Jahr des Dritten Reiches – schaffte der Stadtrat das mittelalterliche »Mohrenkopfwappen« ab und ersetzte es durch ein an das »Coburger Ehrenzeichen« angelehntes NS-Wappen, mit dem man nach außen verdeutlichte, dass Coburg die »Schmiede« des Schwertes war, das in der NS-Ikonografie die SA symbolisierte.

Auch in konkreter Hinsicht zog das »Schwert« des »Dritten Reiches«, die »Wehrmacht«, in Coburg ein. Die Residenzstadt war bis zum Ende des Ersten Weltkrieges der Standort des III. Bataillons des 6. Thüringischen Infanterie-Regimentes Nr. 95 gewesen. Der Versailler Friedensvertrag enthielt unter anderem die Bestimmung der Heeresreduzierung auf 100 000 Mann, die ab 1919 umgesetzt werden musste. Dadurch verlor Coburg die Garnison.

Nun, als im frühen Dritten Reich Hitler die Aufrüstung Deutschlands zunächst heimlich und ab 1935 ganz offen betrieb, sollte auch Coburg wieder Militärstandort werden. Voraussetzung dafür war aber eine Einwohnerzahl von 30 000. Um diese – mit 29 197 knapp – zu erreichen, wurden mit Wirkung vom 1. Juli 1934 die umliegenden Orte Cortendorf, Ketschendorf, Neuses und Wüstenahorn eingemeindet. Noch im selben Jahr begann der Bau der Kaserne an der Von-Gruner-Straße am nördlichen Stadtrand und im folgenden Jahr konnten die ersten Rekruten des wiederbelebten Infanterieregiments Nr. 95 eingezogen werden.

Judenverfolgung

So salbungsvoll die Schaufensterreden der Nazis waren, so gewalttätig war die Realität ihrer Politik, die sie buchstäblich auf dem Rücken der jüdischen Bevölkerung in Coburg betrieben. Nachdem die NSDAP Schwede im Oktober 1931 auch auf den Stuhl des Oberbürgermeisters hieven und damit ihre absolute Herrschaft über Coburg perfekt machen konnte, kündigte die Stadtverwaltung der jüdischen Gemeinde die Synagogen-Nutzung der Nikolaus-Kapelle im Süden der Stadt zum Ende des Jahres 1932. 1938 wurde von den Nazis auch die jüdische Volksschule geschlossen.

Mit der »Arisierung«, der Enteignung jüdischen Eigentums und dessen Überführung in die Hände von Mitgliedern der »Volksgemeinschaft«, begannen die Coburger Nazis sehr früh, wenige Wochen nach der gezielten Ernennung Hitlers als Reichskanzler am 30. Januar 1933. Abraham Friedmann, dem über zehn Jahre zuvor die Anstiftung der Demonstration gegen den Aufmarsch der SA unterstellt und auf dessen Rücken die folgenschwere Stadtratswahl vom Juni 1929 inszeniert worden war, wurde ein beispielhaftes wie prominentes Opfer dieser Vermögensumschichtungen.

1873 in Autenhausen, ca. 20 km westlich von Coburg, geboren, war Friedmann 1902 nach Coburg gekommen. Seine Frau Emilie starb Ende Januar 1933 mit knapp 52 Jahren. Mit ihr hatte er zwei Töchter, Senta und Berta.

Während des Ersten Weltkrieges hatte er sich durch seine »sachkundige und unermüdliche Tätigkeit [als] Haupthändler« um die »regelmäßigen Versorgung mit gutem Frischfleisch« in Coburg Stadt und Land verdient gemacht. Dank der hohen Kaufkraft in Coburg hatte wohl auch Abraham Friedmann sehr gut verdient. Daher konnte er sich im September 1918 die Villa Ketschendorfer Straße 2 gegenüber dem herzoglichen Staatsministeriums als Wohnhaus kaufen.

1921 wurde er Teilhaber der Fleischfabrik Großmann GmbH, der er seit 1916 erheblich »unter die Arme gegriffen« hatte. Im Juni 1922 übernahm er die Firma, die ihn als Gläubiger nicht hatte ausbezahlen können. Er verwandelte sie in die »C. Großmann AG«, war nunmehr ihr Hauptaktionär und alleiniger Vorstand.

Ende März 1930 belastete Friedmann seine Villa mit einer 40.000 RM schweren Hypothek, wohl um eine Berliner Schinkenfabrik kaufen zu können. In der Nacht vom 14. auf den 15. März 1933 suchten ihn die Nazis heim und misshandelten ihn schwer. Um ihnen entgehen zu können, ging er Anfang April nach Berlin zu seiner Tochter Berta und verließ Deutschland Ende 1933 in Richtung Bern. Im Frühjahr 1934 ging er nach Paris zu seiner Tochter Senta. Am 20. März 1933 verkündete die Nazi-Zeitung Friedmanns fristlose Entlassung, die die Generalversammlung der Firma Anfang Juni 1933 bestätigte. Seine Entlassung als Co-Vorstand der Großmann & Kisch AG war gekoppelt mit der Blockade des Zugriffs auf seine Aktien, seine Einkommensbasis: Die erste Stufe der »Arisierung« seines Vermögens.

Die zweite Stufe seiner scheinlegalen Beraubung folgte im März 1935: Nachdem Friedmann seit April 1934 keine Zinsen mehr für die Hypothek hatte zahlen können, war seine Villa nun überschuldet. Die inzwischen zum zentralen »Arisie-

MORGENTHAU: VORDENKER DER US-AUSSENPOLITIK

Hans-Joachim Morgenthau (1904–1980), Sohn einer Coburger jüdischen Familie, musste schon während seiner Schulzeit der frühen 1920er-Jahre erfahren, was es bedeutete, als Jude ausgegrenzt zu werden. Nach seinem Jura-Studium und universitären Lehrtätigkeiten in europäischen Großstädten emigrierte er 1937 in die USA. Mit seinem 1948 erschienenen Buch »Politics among Nations« legte er ein Grundlagenwerk der »realistischen Schule« der internationalen Politiktheorie vor, die die US-Außenpolitik seit der Nachkriegszeit prägt. Morgenthau warnte vor der weltpolitischen Allmachts-Illusion der USA, vor der Selbstgerechtigkeit einer ideologischen Kreuzzugsmentalität gegenüber dem kommunistischen Ostblock und trat für umfassende, diplomatisch auszuhandelnde Regelungen zwischen den beiden Supermächten des Kalten Krieges, USA und UdSSR, ein. Als Direktor des Chicagoer Instituts für Amerikanische Außen- und Militärpolitik beriet er zwischen 1949 und 1977 immer wieder die entsprechenden Minister der USA.

BIOGRAFIE

rungs«-Instrument der Nazis umfunktionierte Dresdner Bank ließ das Haus durch den Coburger Notar Ehrlicher zwangsversteigern. Friedmann versuchte zwar sich dadagen zu wehren, aber gegen Ehrlichers Argument, allein »persönliche« und »politische« Gründe« wären für seine, Friedmanns, Entlassung und Zahlungsunfähigkeit ausschlaggebend, war er nach der Gesetzeslage in der scheinlegalen Diktatur machtlos. Er starb am 6. Mai 1938 in Paris.

Die Coburger Juden hatten die Zeichen der kommenden »neuen« Zeit bereits in den dreieinhalb Jahren vor der »Machtergreifung« 1933 erkennen können. Ihre leidvollen Erfahrungen verstanden sie umzusetzen. 90 % ihrer Gemeinde verließen die Stadt und das Dritte Reich rechtzeitig, bevor im Herbst 1941 die Deportationen in die Todeslager begannen, die immerhin noch 37 Menschen aus Coburg betrafen. Vier mit »Ariern« verheiratete Jüdinnen überlebten den Völkermord in Coburg.

Vom Kriegsende in die Gegenwart

Explodierende Einwohnerzahlen um die »Stunde Null«

Als Kleinstadt an einer Eisenbahn-Nebenlinie und ohne militärisch bedeutsame Industrie war Coburg während des Krieges – von wenigen Notabwürfen abgesehen – von Bombardements verschont und die Gebäude weitgehend unzerstört geblieben. Diesem Status als sicher erscheinende Stadt verdankte Coburg während und nach dem Zweiten Weltkrieg ein Bevölkerungswachstum, das die infrastrukturelle und finanzielle Leistungsfähigkeit der Kommune sowie die Duldsamkeit und Toleranz der eingesessenen Coburger arg strapazierte.

Die Evakuierung großer Einwohnerkontingente aus den bombenzerstörten Großstädten und Industriezentren des Reichs hatte seit den frühen 1940er-Jahren einen ersten Anstieg der Bevölkerung Coburgs bewirkt.

Die massiven Mannschaftsverluste der deutschen Streitkräfte an den Fronten konnten nur durch die Mobilisierung aller verfügbaren Männer und Hilfsdienst leistenden Frauen ausgeglichen werden. Den dadurch entstehenden Arbeitskräftemangel in Landwirtschaft, Handwerk und Industrie kompensierte man durch den Zwangseinsatz von KZ-Häftlingen, Kriegsgefangenen und verschleppten Frauen und Männern, die als »OST«-Arbeiter unter zum Teil menschenunwürdigen Bedingungen schuften mussten. Auch in Coburger Industrie- und städtischen Betrieben sowie in der Landwirtschaft waren mehrere Tausend eingesetzt.

Vor allem seit der Januar-Offensive 1945 der Roten Armee hatten Millionen von Menschen im Osten des Reichs die Flucht ergriffen und erreichten mit ihren Eisenbahntransporten und Trecks im Spätwinter und Frühjahr des letzten Kriegsjahres die mittel- und westdeutschen Gebiete. Diese dritte Welle von Zuzüglern nach Coburg musste in den chaotischen Wochen des Kriegsendes mit Lebensmitteln und dem sogenannten »Dach

Wassili Barsoff: Leopoldstraße mit weißen Fahnen, 11. April 1945, Kohle- und Kreidezeichnung.

über dem Kopf« versorgt werden. Die Schul- und Wirtshaussäle sowie die immer rarer werdenden privaten Räume drohten schließlich »aus den Nähten zu platzen«. In dieser Lage war Coburg kein Einzelfall, aber als intakter Stadt hatte man ihr verhältnismäßig mehr Unterschlupf Suchende zugemutet als etwa den anderen oberfränkischen Städten.

In dieser Situation erreichte in der ersten Aprilhälfte 1945 die nach Osten vorrückende Westfront – und damit das faktische Kriegsende – Coburg, das kurz zuvor noch zur »Festung« erklärt worden war. Angesichts des nahenden Endes seiner Herrschaft hatte der letzte NS-Oberbürgermeister Greim den betagten Amtmann Sauerteig zu seinem kommissarischen Nachfolger ernannt und sich am 9. April – dem zweiten Tag der Artillerie- und Luftangriffe durch die Amerikaner – mit der NS-Führung nach Osten abgesetzt. Eine Wehrmachtseinheit, die sich in der Veste und am Festungsberg verschanzt hatte, ging am 10. April »stiften«. Buchstäblich in letzter Minute erfüllte die Stadt am Vormittag des 11. April die ultimative Kapitulationsforderung der US-Armee, ließ Bettlaken als weiße Fahnen an den Häusern hissen und entging dadurch der flächendeckenden Bombardierung, die für viele der nur notdürftig untergebrachten Menschen den sicheren Tod bedeutet hätte. Im Verlauf des Tages besetzten die Amerikaner die ehemals erste NS-Stadt des Reichs, meldeten dies tags darauf in der New York Times und etablierten die lokale Militärregierung.

Trotz des dreitägigen Beschusses war Coburg vergleichsweise glimpflich davon gekommen: 44 Häuser waren durch Artilleriegranaten und Bordwaffen der Tiefflieger vollständig zerstört, 112 schwer und 328 leicht beschädigt worden. Etwa 40 Menschen hatten den Tod gefunden, darunter auch eine Mutter, die aus Angst vor den Amerikanern erst ihre beiden Kinder und dann sich selbst umbrachte. Als der Krieg vier Wochen später, am 8. Mai, tatsächlich aus und das Dritte Reich untergegangen war, kämpfte man in Coburg bereits mit der Organisation der Nachkriegszeit. Und dies unter erschwerten Bedingungen.

Mit den vom Militär geräumten Kasernen standen nun große Gebäudekomplexe zur Verfügung, die der Zusammenführung der vielen osteuropäischen Zwangs- und »Fremdarbeiter« dienten, welche zuvor in einer Vielzahl kleinerer Fabriklager gehaust hatten. Einige Russen feierten den 8. Mai mit jahrelang entbehrtem Alkohol so ausgiebig, dass sie das private Siegesfest nicht überlebten. Andere rächten sich in den folgenden Wochen an Deutschen, indem sie nächtliche Raub- und Vergewaltigungszüge in die umliegenden Dörfer unternahmen. Dieser rapide Anstieg der Gewaltkriminalität führte dazu, dass die zunächst entwaffnete deutsche Hilfspolizei Coburgs noch im Sommer 1945 mit Schusswaffen ausgerüstet wurde.

Die »Ausländer«, wie man die Gruppe der knapp 7000 in Coburg konzentrierten ehemaligen Zwangs- und Fremdarbeiter nannte, wurden bis 1949 weitgehend in ihre Herkunftsländer zurückgeschickt. Trotzdem stieg bis 1947 die Gesamtbevölkerung der Stadt bis auf knapp 50 000 Einwohner an. Die größte Gruppe der Zuwanderer waren Heimatvertriebene aus dem Sudetenland im heutigen Tschechien und der Slowakei sowie aus Schlesien, Pommern und Ostpreußen im heutigen Polen bzw. der russischen Exklave um Kaliningrad (Königsberg). Sie wurden auf der Basis des Potsdamer Abkommens der Alliierten vom August 1945 formell nach Mittel- und Westdeutschland ausgewiesen. Wiederum wurden Coburg erheblich mehr »Neubürger« zugewiesen als anderen oberfränkischen Städten, so dass 1947 – gemessen an der Vorkriegs-Einwohnerzahl des Jahres 1939 (32 552) – ein Zuwachs von 53 % zu verkraften war. Die meisten »Ausländer« und ein Teil der Evakuierten verließen die Stadt zwar in den kommenden Jahren wieder, aber durch jährlich mehrere Hundert Flüchtlinge aus der »Ostzone«, die jenseits der nördlichen Landkreisgrenze begann, blieb Coburg eine beträchtlich gesteigerte Einwohnerschaft, die sich 1950 zunächst auf knapp 46 000 eingependelt hatte, um dann bis 1961 auf den Spitzenwert von über 50 000 anzuwachsen.

Die Versorgung all dieser Neu-Coburger mit angemessenen Wohnungen bewirkte ab den 1950er-Jahren eine Welle von Neubauten in Gebieten, die zum Teil bis heute durch Straßennamen wie »Heimatring«, »Neue Heimat«, »Ostpreußen-«, »Pommern-« und »Schlesierweg« erkennbar sind. Durchgeführt wurden diese und andere Neubau-Projekte durch die am 29. Dezember 1950 – gemeinsam mit der »Industrieförderungsgesellschaft« – gegründete gemeinnützige »Wohnbau«-Gesellschaft der Stadt Coburg.

Die Neubürger-Kinder, die die Schülerzahlen bis 1950 um 116% des Vorkriegsstandes auf 10 266 steigerten, mussten ebenfalls unterrichtet werden, was bei den auf Vorkriegsniveau gebliebenen 137 Schulräumen für nunmehr 286 Klassen nur im Schicht-Unterricht bewerkstelligt werden konnte. Erst der Neubau und die Erweiterungsbauten von Schulen ab den 1950er-Jahren schufen hier Abhilfe.

Ein ebenfalls nicht »über Nacht« zu behebendes Manko war der Mangel an Lehrern, die die Schüler ausbilden sollten. Nicht nur die im Krieg als Soldaten gefallenen bzw. nachher kriegsgefangenen Pädagogen fehlten in den Jahren ab 1945. Es fehlten nun auch die, die als aktive Nationalsozialisten nicht geeignet waren, Kinder und Jugendliche zu Demokraten zu erziehen und deshalb aus dem Schuldienst entlassen worden waren.

Politischer Neubeginn

Während der Besetzung fiel den Amerikanern im April 1945 auch die Mitgliedskartei der Coburger NSDAP in die Hände. Am 11. Mai begannen sie in der ersten NS-Stadt Deutschlands ein Exempel der Entnazifizierung zu statuieren und entließen als einen der ersten Parteigänger der Nazis den kommissarischen Bürgermeister Sauerteig. Ihm mussten bis zum Herbst des Jahres 75% der 328 Stadtbediensteten folgen, darunter eben auch einige Lehrer.

Auch die erste Wahl in der Stadt Coburg nach dem Krieg, die Stadtratswahl am 26. Mai 1946, stand ganz unter dem Eindruck der Entnazifizierung: 2600 Einwohner waren wegen ihrer NS-Vergangenheit ebenso wenig wahlberechtigt wie diejenigen der seit 1945 in die Stadt gekommenen Flüchtlinge und Heimatvertriebenen, die noch keine vollen zwölf Monate gemeldet waren. Dadurch gab es für diese Wahl nur 16 696 Berechtigte, darunter ca. 11 000 Frauen. Die SPD wurde mit

Stadtwappen Coburg 1953 nach dem Vorbild der Mauritius-Plastik von St. Moriz

39,2 % der Stimmen stärkste Stadtratsfraktion und stellte mit Ludwig Meyer (1886–1957) den Oberbürgermeister.

Die nächste Wahl 1948, als die Entnazifizierungsverfahren in Bayern weitgehend abgeschlossen und auch viele der Neu-Coburger als Wähler zugelassen waren, änderte zwar an den Mehrheitsverhältnissen im Stadtrat nichts Wesentliches. Allerdings verlor die SPD den Oberbürgermeister-Posten an die FDP, die mit Dr. Walter Langer (1892–1977) einen national und konservativ orientierten, durchsetzungsfähigen Juristen ins Rennen schickte. Durch seine Mandate in zahlreichen Entnazifizierungsverfahren hatte er einen erheblichen Bekanntheitsgrad erreicht und prägte in seiner bis 1970 währenden Amtszeit die Nachkriegs- und »Wirtschaftswunder«-Zeit in Coburg maßgeblich.

Dem Wunsch der amerikanischen Militärregierung folgend, hatte man bereits am 1. Mai 1945 die mit NS-Namen versehenen Straßen, »Adolf-Hitler-Straße«, »Hans-Schemm-Straße« und »Straße der SA«, die »Marktgasse« sowie den »Franz-Schwede-Ring«, wieder in »Bahnhofstraße«, »Steinweg«, »Mohrenstraße«, »Judengasse« und »Hirschfeld-Ring« zurückbenannt.

Der Kalte Krieg verschärfte die Teilung Deutschlands in die DDR und die Bundesrepublik, die sich auf Seiten des Ostblocks bzw. der demokratischen, westlich-transatlantischen

DER COBURGER MAURITIUS

Während dieser Krise der kollektiven Coburger Identität wählte die Stadtverwaltung den stark mitteleuropäisch anmutenden Kopf der Mauritius-Skulptur von St. Moriz als Vorbild des neu gestalteten Stadtwappens. Der Reichspatron symbolisierte idealtypisch die Stärke des ottonischen Reiches gegen die Bedrohung aus dem slawischen Osten. Nun sollte der »Coburger Mauritius« als Garant von Deutschlands Stärke helfen, die Wiedervereinigung, die Rückgewinnung von Coburgs nicht nur geografisch gemeinter Zentralfunktion »mitten im Reich« – so der Titel der Festschrift 1956 – sowie die Überwindung der kommunistischen Bedrohung aus dem nahen »Osten« zu erreichen. Im Zeichen dieser im Stadtwappen der 1950er-Jahre symbolisch verdichteten Programmatik feierte man 1956 auch erstmals das – bereits 900-jährige – Jubiläum des Namens »Coburg«.

Staatengemeinschaft feindlich gegenüberstanden. Der »Eiserne Vorhang«, die Trennlinie dieser beiden Machtblöcke, verlief an der nördlichen Grenze des Landkreises und wirkte sich auf Coburg stärker als auf andere Städte des neu entstandenen Grenzlandes aus. Der früheren, bis 1920 zum Komplex der thüringischen Herzogtümer gehörenden Residenz war durch die innerdeutsche Grenze nicht nur das wirtschaftliche Hinterland abgeschnitten worden. Viele Familien waren zerrissen und das Selbstbewusstsein alteingesessener Coburger, die sich nicht nur politisch, sondern auch geografisch »mitten im Reich« wähnten, hatte einen massiven »Dämpfer« bekommen.

Selbst die 1958 von Industrie und Schützengesellschaft gestiftete Amtskette des Oberbürgermeisters drückt die damals schmerzhaft empfundene Umklammerung Coburgs durch den »Eisernen Vorhang« aus: Auf den ausdrücklichen Wunsch Dr. Langers hin ist das Hauptstück der Kette mit dem Abbild des deutlich afrikanisch geprägten »Mohrenkopf«-Wappens der Stadtapotheke – das 1959 als neue Norm festgelegt wurde – von einem Stacheldraht mit Blutstropfen darstellenden Rubinen umschlossen.

Bis sich jedoch die lokale Wirtschaft zu dieser Stiftung bereit erklärte, hatten der Oberbürgermeister und seine Stadtverwaltung einige wirtschaftspolitische »Hausaufgaben« zu leisten.

Wirtschaft mit dem Rücken zum Eisernen Vorhang

Hatte man in den Jahren nach dem Anschluss an Bayern 1920 diesen Schritt teilweise skeptisch kommentiert und auf kulturellem und historischem Gebiet die Besonderheit Coburgs betont, so feierte man 1950 – im Jahr nach der Gründung der beiden deutschen Staaten – sehr froh das dreißigjährige Jubiläum der Vereinigung mit dem großen Freistaat im Süden, der man nun die Zugehörigkeit zur »freien Welt« des Westens verdankte. Im Hinblick auf diese Feier hatte sich der Oberbürgermeister von der Industrie die Finanzierung der Neugestaltung der alten NS-Amtskette gewünscht. Die lokale Industrie- und Handelskammer, die ihre Autonomie dem Vereinigungsvertrag mit Bayern verdankt, verweigerte sich im April 1950 jedoch dem Wunsch Langers, weil ihrer Ansicht nach die Stadtverwaltung die Wirtschaft in den Nachkriegsjahren »nicht im erwarteten Maße gefördert« hatte.

Die berufliche Eingliederung der rund 15 000 Neubürger in Coburg war die zentrale Voraussetzung für den erfolgreichen Verlauf der Integration nach der Linderung der unmittelbaren Notsituation der »Stunde Null«. Der Mangel an Lebensmitteln und Wohnraum musste so schnell wie möglich überwunden werden, um die sozialen Spannungen unter den buchstäblich zusammengepferchten Menschen abbauen zu können. Mit durchschnittlich 2,36 Personen pro Raum wies Coburg 1950 die höchste Wohndichte der bayerischen Städte auf. Nicht nur innerhalb der zugezogenen Familien kam es zu Auseinandersetzungen, auch die alteingesessenen Coburger, die zwangsweise große Teile ihres Wohnraumes an die »Flüchtlinge« hatten abtreten müssen, betrachteten in vielen Fällen die neuen Nachbarn und Untermieter mit Argwohn.

Arbeitnehmer konnten sofort nach ihrer Meldung am neuen Wohnort eingestellt werden, sofern sie einen der wenigen freien Arbeitsplätze fanden. Die »Spitzengruppen« der Arbeitslosen bildeten Ende 1946 die Ingenieure, Kaufleute und Menschen mit Verwaltungsausbildung, deren Erwerbslosigkeitsquoten bei 60 bis 71% lagen.

Firmenübersiedlungen nach Coburg und ins Umland – vor allem aus dem grenznahen Südthüringen – fanden gehäuft in den frühen Nachkriegsjahren statt. Betriebsneugründungen durch Heimatvertriebene konnten jedoch erst erfolgen, nachdem der »Morgenthau-Plan« – die Idee der Alliierten, Deutschland in ein dauerhaft machtloses Agrarland umzuwandeln – aufgegeben, 1947 das Soforthilfegesetz in Kraft getreten und 1948 die Gewerbefreiheit verkündet sowie die Währungsreform durchgeführt worden waren. Eine Reihe neu gegründeter Firmen verließ Coburg jedoch vor 1950 wieder, weil ihnen in anderen Städten deutlich günstigere Angebote seitens der Behörden und Kreditgeber gemacht wurden. Namentlich einige Textilunternehmen zeigten sich enttäuscht von der Stadt Coburg, die nicht nur ihr Desinteresse ausgedrückt und die Unterstützung bei »Flüchtlingsproduktivkrediten« versagt, sondern obendrein eine Vorauszahlung der Gewerbesteuer verlangt hatte. Diesen ungünstigen Umständen zum Trotz befanden sich 1951 immerhin 11% der 1922 selbstständigen Coburger Firmen im Besitz von Heimatvertriebenen.

Die kommunale Wirtschaftspolitik wandelte sich in dieser Zeit grundlegend, was durch die Gründung der »Industrieförderungsgesellschaft der Stadt Coburg« (Ifög) am 29. Dezember 1950 markiert wird. Die Hilfe beim Ausbau ansässiger bzw. bei der Ansiedlung neuer Industrie-Unternehmen durch die Bereitstellung von Räumen ist der Zweck dieses städtischen Eigenbetriebes. Von Anfang an kaufte bzw. baute die Ifög Fabrikhallen, errichtete das Kongresshaus und betreibt – seit den 1990er-Jahren – ein »Technologiezentrum« sowie ein »Zentrum für Produktdesign«, die Räume und gemeinschaftliche Infrastrukturen für Unternehmensgründungen zur Verfügung stellen.

Die Coburger Industrie war schon vor dem Zweiten Weltkrieg neben der Puppen- und Korbwarenherstellung stark vom Maschinenbau geprägt. Dank der weitgehenden Verschonung von Kriegszerstörungen konnten die ansässigen Firmen nach

DIE HUK-COBURG

Dass Coburg heute eine der einkommensstärksten Kommunen der Bundesrepublik ist, verdankt sie zuvörderst einem 1950 aus der jungen DDR »rübergemachten« Unternehmen, das seine Coburger Erfolgsgeschichte dem inzwischen zur Firmen-Ikone mutierten Karteikasten mit 188 Adresskarten der »Haftpflicht-Unterstützungs-Kasse kraftfahrender Beamter Deutschlands« verdankt. Die heutige »HUK-Coburg« war 1933 im thüringischen Erfurt gegründet worden und durfte nach der kriegsbedingten »Flaute« des Zweiten Weltkrieges von der sowjetischen Besatzungszone aus nur noch die Mitglieder in den drei Westzonen – der späteren Bundesrepublik – betreuen. Des ineffizienten Standortes wegen schmuggelten die Vorstände Paul Brendel und Wilhelm Ruß (1950) den Holzkasten mit seinem »goldwerten« Inhalt über die Grenze und schlugen hier in Coburg den Erfolgsweg hin zu einem der führenden deutschen Versicherungsunternehmen ein, das längst nicht mehr nur Beamte und deren Kraftfahrzeuge versichert.

Versicherung mit dem Zeichen der Veste: Das neue Verwaltungszentrum der HUK-Coburg auf der Berteldorfer Höhe.

der notwendigen Phase der Konvertierung von Rüstungs- auf Zivilproduktion zügig am »Korea-Boom« teilhaben, der seit 1951 – angestoßen durch die Exportnachfrage infolge des gleichnamigen Krieges – das sogenannte Wirtschaftswunder ankurbelte und vor allem der exportorientierten Industrie ungeahnte Wachstumsgewinne bescherte. Die Namen der Coburger Firmen Brose (Technik für Automobile), Gaudlitz (Präzisionsformteile in Plastik), Kaeser (Kompressoren), und die Werkzeugmaschinenfabriken Kapp, Langenstein & Schemann (Lasco) sowie Waldrich stehen für diesen Boom, von dessen Basis aus sie ihre beachtlichen heutigen Marktanteile im internationalen Vertrieb erwirtschaften konnten und behaupten können. Dank der wachsenden Gewerbesteuerzahlungen dieser und kleinerer Betriebe konnte sich die Stadt aus dem finanziellen Tief der Nachkriegszeit befreien.

Brose und HUK, die beiden umsatzstärksten Unternehmensgruppen mit Sitz in Coburg, feierten 2008 ihre 100- bzw. 75-jährigen Firmenjubiläen und stellten sich bei der unterschiedlich intensiv ausgefallenen Betrachtung der Firmengeschichten auch der Frage nach dem Ausmaß der Verstrickungen in die NS-Diktatur und dem etwaigen daraus gezogenen Profit.

Anders ergeht es der »HUK-Coburg«, nach deren einem Gründer, Karl-August Fritsch, eine Straße im Bereich der neuen Verwaltungszentrale benannt war. Die Versicherungsgruppe beantragte von sich aus – ohne kritische öffentliche Debatte – die Umbenennung, nachdem sich herausgestellt hatte, dass sich Fritsch intensiver mit den Nazis eingelassen hatte, als es heute tolerabel erscheint.

Zum Familienunternehmen »Brose – Technik für Automobile«, ist anlässlich des Jubiläums eine Firmengeschichte erschienen, die ausführlich die Rolle des Firmengründers und -inhabers bis 1968, Max Brose, thematisiert. Gleichwohl hat es das Buch des Zeithistorikers Schöllgen nicht vermocht, die Rolle Broses während der NS-Zeit aus der weit über Coburg hinausreichenden kontroversen Diskussion zu bringen. Unter anderem steht die Beraubung Friedmanns durch die Nazis im Fokus der Gegenwart: 1948 hatte sich der Notar Ehrlicher eines

„Stolperstein" für Abraham Friedmann, Patenschaft: Bayerischer Richterverein.

argumentativen Taschenspielertricks bedient und entgegen seiner Aussage von 1935 behauptet, dass die »Zwangsversteigerung eine Folge der Überschuldung des Eigentümers [… und] politische Gründe für ihre Durchführung nicht bestimmend« gewesen wären. Diese Lüge verwendet Schöllgen in seinem 2008 erschienen Buch und dichtet damit wiederum Abraham Friedmanns Rolle als prominentes Opfer der Coburger Nazis als sein persönliches wirtschaftliches Problem um. Unter anderem auf der vermeintlich wissenschaftlichen Basis von Schöllgens Buch entschied 2015 der Coburger Stadtrat die Benennung der Max-Brose-Straße.

Die unterschiedlichen Beispiele der beiden nach Firmengründern benannten Straßen zeigen die Bedeutung der Auseinandersetzung mit der gesamten Geschichte etwa der eigenen Firma. Sie zeigen aber auch, wie schwierig diese Auseinandersetzung heute noch – mehr als zwei Generationen nach dem Ende des Dritten Reiches – sein kann.

Bayerisch-thüringische Schnittstelle seit 1989

Zwei »Intermezzi« der Nachkriegszeit, die Coburg deutlich geprägt hatten, sind inzwischen Geschichte. Aus der sowjetischen Besatzungszone war 1949 die sogenannte »Deutsche Demokratische Republik« innerhalb des sowjetisch dominierten Bündnissystems des »Warschauer Paktes« geworden. Wenige Wochen nach dem 40-jährigen Staatsjubiläum fiel die Diktatur der »Sozialistischen Einheitspartei Deutschlands« (SED) den Montags-Demonstrationen der friedlichen Bürgerrechts- und »Wir-sind-ein-Volk«-Bewegung zum Opfer. Ein knappes Jahr später vereinigten sich die beiden Staaten, wodurch sich die alte »Bonner« in die neue »Berliner« Bundesrepublik verwandelte. Coburg tauschte den Grenzlandstatus gegen den des historisch gewachsenen Bindeglieds zwischen Bayern und Thüringen ein. Die Menschen beiderseits der bayerisch-thüringischen Grenze vergaßen bald die anfängliche Verwunderung über den gemeinsamen Dialekt und mit der Zeit auch das Gefühl der unüberwindbar gewesenen Grenze.

Zur diesseitigen Sicherung des »Eisernen Vorhangs« war 1951 in die als »Ausländer«-Lager entbehrlich gewordene Kaserne der Bundesgrenzschutz eingezogen. Als Ausbildungsstandort lernten Tausende junger Männer die Stadt an der Itz kennen, viele blieben und verleben heute ihren Lebensabend hier. Nach dem Ende des »Kalten Krieges« haben sich die Aufgaben der seitdem entmilitarisierten »Bundespolizei« und damit auch die Standortanforderungen geändert. Der BGS-Standort Coburg ist seit 1998 aufgelöst und die Kasernen sind zum Teil in moderne Wohngebäude umgewandelt worden.

Als Stadt mit einem breit gefächerten Ausbildungsangebot bis hin zur Hochschule für Angewandte Wissenschaften mit derzeit ca. 4500 Studenten, einem vergleichsweise dichten Kulturleben, einem intensiv von Baudenkmälern unterschiedlicher Epochen geprägten Stadtbild und einem hochrangigen Angebot staatlicher und privater Museen lockt Coburg jährlich Tausende von Besuchern an. Die seit über 200 Jahren geknüpften familiären Verbindungen des Coburger Herzogshauses mit zahlreichen europäischen Dynastien sind ein gewichtiges

Pfund der vor allem hierdurch international bekannt gewordenen Stadt. Die katholische Linie Sachsen-Coburg-Kohary stellte seit dem späten 19. Jahrhundert die bulgarischen Zaren. Simeon II. (*1937) wurde 1946 als letzter Zar abgesetzt. Als Hommage an den bulgarischen Zweig der herzoglichen Familie wurde er 2005 – als Simeon Sakskoburgotski von Juli 2001 bis August 2005 Ministerpräsident Bulgariens – zum Coburger Ehrenbürger ernannt. Gleichzeitig ernannte sich Coburg zur »Europastadt« und der prominente Ehrengast schraubte gleich eines der neuen Schilder unter dem Ortsschild mit an.

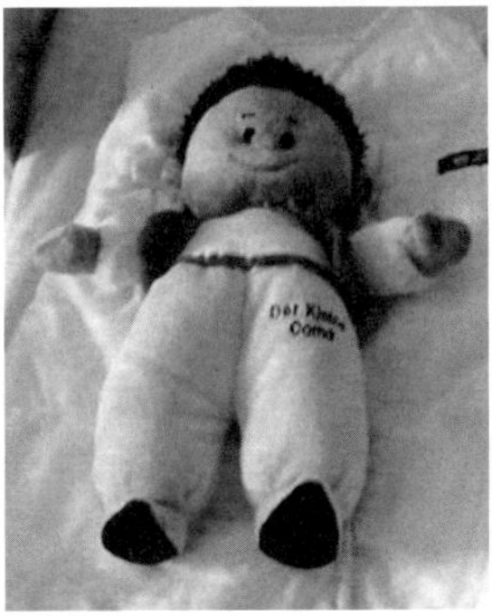

„Der kleine Como", Willkommensgeschenk für alle Neugeborenen in Coburg.

Nicht nur in analoger, auch in digitaler Hinsicht ist die Stadt Coburg und ihre Verwaltung anderen Kommunen voraus. Dies zeigt sich in gegenwarts- und zukunftsorientierter Hinsicht am Beispiel des »E-Government«, das Coburg seit dem ersten Jahrzehnt dieses Jahrhunderts praktiziert. Selbst historiografisch bedient sich die Stadt mit ihrem vorbildlichen »Digitalen Stadtgedächtnis« der neuen Medientechnologien.

Nicht zuletzt die Stadtwappen-Figur »Coburger Mohr« spielt seit 2007 als »Como« eine bedeutsame Rolle als erster Spielgefährte für alle Neugeborenen in Coburg – ganz gleich welcher Herkunft ihre Familie ist. Diese Geste des Klinikums sollte die Stadt aufgreifen und vor dem Hintergrund der eigenen schwierigen Geschichte dem »Coburger Mohren« eine zentrale symbolische Rolle bei der Integration von Menschen in deren neuer Heimat Coburg zuweisen, die aus aller Herren Länder hierher gekommen sind.

Nächste Doppelseite: Luftbild der Coburger Innenstadt mit Marktplatz und Morizkirche ▶

Zeittafel

6./7. Jh.?	Entstehung der Siedlung Trufalistat
11. Jh.	Friedhof an der heutigen Morizkirche.
1056	Königinwitwe Richeza schenkte den Fronhofverband »Coburg« mit Zentrum auf dem Festungsberg an das Hochstift Köln.
1074	Gründung des Benediktinerklosters Saalfeld, zu dessen Besitz Coburg geschlagen wird.
1182	*9. Juni*: Erstmalige Nennung des Talortes Coburg.
1217	*24. Mai*: Coburg wird als Burgus, also Stadt bezeichnet; Coburg wird Pfarrei.
1248	*19. Juni*: Herzog Otto VIII. von Andechs-Meran, der Zehntrechte in Coburg hatte, stirbt und mit ihm seine Dynastie aus.
1250/57	Gründung des Franziskanerklosters an der Stelle der heutigen Ehrenburg.
1260	Coburg Stadt, Burg und Land fällt an die Grafen von Henneberg als Zentrum deren »Neuen Herrschaft«.
13. Jh., 2. Hälfte?	Neuanlage der Stadtmauer mit ihren vier Toren.
Um 1265	Neubau des romanischen Vorgängerbaus der Morizkirche; Neubau der Saalfelder Klosterpropstei an der Kirche.
1272	Erstes bekanntes Stadtsiegel: »Sigillum civitatis in Koburch«.
Vor 1291?	Gründung des St.-Georgs-Spitals
1291	*4. Februar*: Graf Poppo VIII. von Henneberg-Coburg stirbt; Coburg fällt als Erbe seiner Schwester Jutta an Markgraf Otto V. von Brandenburg.
1299	Coburg wird Sitz eines landesherrlichen Gerichts.
1312	Coburg fällt an den gefürsteten Grafen Berthold VII. von Henneberg-Schleusingen
1315	Kaiser Ludwig IV. erteilt dem Grafen von Henneberg ein Steuerprivileg zur Verbesserung der Mauern von Coburg und Königshofen. In der Folge wird das äußere Ketschentor mit Mauer gebaut.
1323	Ersterwähnung des Mauritius-Patroziniums.
1331	*14. Juni*: Kaiser Ludwig IV. verleiht der Stadt Coburg das Recht der Stadt Schweinfurt.
1349	Gräfin Jutta von Henneberg-Schleusingen schenkt Coburger Beginen ein Haus. – Judenverfolgung in Coburg.
1353	*1. Februar*: Mit dem Tod Juttas von Henneberg fällt Coburg Stadt, Burg und Land als Mitgift und Erbe ihrer Tochter Katharina an den Wettiner Markgraf Friedrich III. von Meißen.

Um 1354	Der »Mohrenkopf«, Kopf des hl. Mauritius, taucht erstmals als Stadtsymbol neben dem »Meißner Löwen« auf Coburger Pfennigen auf.
1363	Bau des ältesten erhalten Fachwerkhauses der Stadt als Stadel: Ketschengasse 37.
1370	Markgraf Friedrich III. erkennt den bügerlichen Magistrat mit Bürgermeister an.
1386	Markgräfin Katharina von Meißen privilegiert die Coburger Weber.
Ende 14. Jh.	Bau des Siechenhauses an der späteren Nikolaus-Kapelle.
1393	Steingasse ist gepflastert.
1380/1400	Beginn des Neubaus der gotischen Morizkirche mit dem Chor.
1401/07	Bau der Heilig-Kreuz-Kirche.
1414	Neubau des Rathauses am Markt.
1423	Markgraf Friedrich IV. von Meißen wird Kurfürst Friedrich I. von Sachsen.
1420/36	Hussitenkriege: Coburg im Osten eine zweite Stadtmauer.
1441	Albrecht Bach, Stadtrat und Hauptmann der städtischen Miliz, stirbt.
1442	Bau der Nikolaus-Kapelle am Siechenhaus.
1450	17. *Mai*: Baubeginn des Nordturmes an St. Moriz.
1456	Erste Holzwasserleitung zu Laufbrunnen in der Stadt.
1466	20. *März*: Zerstörung der Steinweg-Vorstadt durch Großbrand.
1468	Bau der Heiligkreuz-Brücke.
1485	Leipziger bzw. Große wettinische Teilung: Coburg fällt an das ernestinische Kurfürstentum Sachsen.
1487	Etwa 3320 Menschen leben in der Stadt.
1494	Neuanlage des Salvator-Friedhofes.
1498	Ersterwähnung der Coburger »Brotwurst« im Speiseplan des St.-Georgs-Spitals.
1520–40	Neubau des Langhauses von St. Moriz als Hallenkirche.
1524	Herzog Johann der Beständige genehmigt die lutherische Gottesdienstordnung in Coburg.
1525	Selbstauflösung des Franziskanerklosters.
1530	15. *April*: Martin Luther kommt im Gefolge des Kurfürsten Johann des Beständigen nach Coburg und lebt während des Augsburger Reichstages bis zum 4. Oktober auf dem Schloss. – 25. *Juni*: Verlesung der »Augsburgischen Confession« auf dem Reichtstag.
1531	Schloss Coburg wird auf dem Torgauer Landtag zur Landesfestung erklärt – Gründung des »Schmalkaldischen Bundes« protestantischer Reichsstände und Städte.
1543–1549	Bau der Stadtresidenz Ehrenburg.

1547	19. *Mai*: Johann Friedrich I. verliert als Unterlegener des Schmalkaldischen Krieges durch die »Wittenberger Kapitulation« die Kurfürstenwürde und weite Gebietsteile an den Albertiner Moritz von Sachsen; fünf Jahre Haft.
1567	Herzog Johann Friedrich II. wird geächtet und in lebenslange kaiserliche Haft genommen.
1572	Die minderjährigen Söhne Johann Friedrichs II., Johann Casimir und Johann Ernst, erhalten Sachsen-Coburg-Eisenach, das bis 1586 vom Vormund, Kurfürst August von Sachsen, regiert wird.
1578/80	Erweiterungsbau des Rathauses mit Renaissance-Saal.
1596	Herzog Johann Casimir tritt die Alleinregierung in Sachsen-Coburg an.
1597–1601	Neubau der Regierungskanzlei am Markt.
1603–1605	Neubau des Academischen Gymnasiums Casimirianum.
1618	Beginn des Dreißgjährigen Krieges.
1626	Erlass der Kirchen- und Schulordnung durch Herzog Johann Casimir.
1628–1633	91 Hexenprozesse in Coburg mit ca. 70 Todesurteilen.
1630	Sachsen-Coburg tritt auf protestantischer Seite in den Krieg ein.
1632	Plünderung der Stadt durch kaiserliche Truppen.
1633	16. *Juli*: Herzog Johann Casimir stirbt.
1634/35	Kaiserlich Truppen im Winterquartier in Coburg.
1635	Herzog Johann Ernst tritt dem Frieden von Prag bei.
1648	Westfälischer Friede
1650	19. *August*: Coburgisches Friedensdankfest. – Um 37% gesunkene Einwohnerzahl: 2705.
1660–62	Bau der Salvatorkirche.
1680–1699	Herzog Albrecht von Sachsen-Coburg
1699–1735	Erbfolgestreit um Sachsen-Coburg; die Stadt wird schließlich Residenz des Fürstentums Sachsen-Coburg-Saalfeld.
1773–1802	Kaiserliche Schuldentilgungskommission übt die Finanzhoheit im Fürstentum aus
1791	Abriss des inneren Ketschentores.
1801	6 240 Einwohner.
1806	Durchmarsch französischer Truppen zur Schlacht bei Jena und Auerstedt. – Souveränes Herzogtum im napoleonischen »Rheinbund«.
1806–1844	Herzog Ernst I. von Sachsen-Coburg-Saalfeld, ab 1826: von Sachsen-Coburg und Gotha.
1810	Abriss des Steintores.
1810–1841	Neogotischer Umbau des Schlosses Ehrenburg.
1821	Stände-Verfassung im Herzogtum Sachsen-Coburg.

1824	28.–30. *August*: Tumulte in Coburg wegen der Trennung Ernst I. von seiner Frau Luise (*1800, ⚭ 1817, † 1831), die wegen des Tumults des Hoch- und Landesverrates bezichtigt wird und ihr Erbe an Ernst I. verliert.
1826	Bildung der Herzogtümer Sachsen-Coburg und Gotha infolge der letzten ernestinischen Teilung.
1831	Prinz Leopold von Sachsen-Coburg und Gotha wird zum König der Belgier gewählt.
1832	Obrigkeitliche Auflösung des demokratischen Zirkels im »Fischers-Garten« und Verhaftung der »Rädelsführer«.
1836	Prinz Ferdinand von Sachsen-Coburg-Kohary heiratet Königin Maria II. von Portugal und wird 1837 portugiesischer Titularkönig.
1837	Abwertung der minderwertigen Coburger Kreuzerstücke.
1837–1840	Bau des herzoglichen Hoftheaters.
1838–1860	Neogotische Renovierung der Veste Coburg.
1839	Ungnädige Auflösung des Coburger Landtages infolge eines steuerpolitisch bedingten Verfassungskonfliktes. – Eröffnung der herzoglichen Kunst- und Alterthümer-Sammlung in der Veste Coburg als Museum.
1840	Prinz Albert von Sachsen-Coburg und Gotha (1819–1861) heiratet seine Cousine, Königin Victoria von Großbritannien und Irland (1819–1901), und wird Prinz-Gemahl.
1844–1893	Herzog Ernst II. von Sachsen-Coburg und Gotha
1846	9936 Einwohner.
1847–1851	Anlage des Friedhofes am Glockenberg, Auflösung des Salvatorfriedhofes.
1848	Gründung der Realschule, des heutigen Gymnasiums Ernestinum.
1848–1851	Im Zuge der Revolution bildet sich die Coburger Bürgerwehr mit Herzog Ernst II. als Oberkommandierenden.
1852	Gründung der Alexandrinenschule für Mädchen, heute Gymnasium Alexandrinum. – Staatsgrundgesetz für die Herzogtümer Sachsen-Coburg und Gotha, in dem die Freiheitsrechte der 1848er-Revolution festgeschrieben werden.
1855	Bau des Gaswerkes, heutige SÜC; Gasbeleuchtung der Innenstadtstraßen.
1855–1860	Bau der katholischen St.-Augustin-Kirche.
1858	2. *November*: Inbetriebnahme des Coburger Bahnhofs mit der Werrabahn Eisenach – Coburg.
1859	24. *Januar*: Inbetriebnahme der Bahnverbindung Coburg-Lichtenfels. – Gewerbefreiheit im Herzogtum.
1860	1. Deutsches Turn- und Jugendfest in Coburg, Bildung der Deutschen Turnerschaft. – 1. Kongress des Deutschen National-

vereins in Coburg. – Anlage der Bahnhofstraße auf herzogliche Initiative.

1860–1862 Bau der Mädchenschule am Albertsplatz, seit 1907: Lutherschule.

1862 Gründung des Deutschen Sängerbundes in Coburg. – Max Brückner (1836–1919) wird Hoftheatermaler und gründet sein »Atelier für scenische Bühnendekorationen«.

1863 Einstellung der Brennholztrift aus dem Thüringer Wald nach Coburg.

1865 Enthüllung des Denkmales für Prinzgemahl Albert.

1866 Besetzung Coburgs durch bayerische Truppen während des preußisch-österreichischen Krieges.

1871 12 819 Einwohner. – Anlage der Mohrenstraße als Verbindung der Innenstadt zum Bahnhof.

1873 Studentische Landsmannschaften und Turnerschaften treffen sich erstmals und seither jährlich zum Pfingstkongress in Coburg; seit 1951: Coburger Convent.

1888–1890 Bau der Rückert-Schule in der Löwenstraße.

1891–1893 Bau der Hochdruck-Wasserleitung von Fischbach nach Coburg.

1893–1900 Herzog Alfred von Sachsen-Coburg und Gotha, Sohn von Königin Victoria und Prinz-Gemahl Albert.

1898 48% der Fabriken des Herzogtums in der Stadt Coburg, Schwerpunkt: Textilproduktion.

1900 21 887 Einwohner. – 18. *Oktober*: Gründung des Städtischen Museums, 1905 im Rathaussaal eröffnet, seit 1943 deponiert.

1903 Elektrizitätswerk, heute SÜC.

1905–1918 Herzog Carl Eduard von Sachsen-Coburg und Gotha; Enkel von Königin Victoria und Prinz-Gemahl Albert.

1906 Einweihung des Sintflut-Brunnens von Ferdinand Lepcke (1866–1909), den die Stadt Herzog Carl Eduard zum Regierungsantritt schenkte.

1906–1907 Bau der Heiligkreuz-Schule am Schleifanger.

1907–1977 Ernst-Alexandrinen-Volksbad.

1909–1924 Renovierung der Veste Coburg im neogotischen Stil nach Plänen von Bodo Ebhardt.

1918 13. *November*: Regierungsverzicht von Herzog Carl Eduard.

1919 *März*: »Freistaat Coburg«.

1920 1. *Juli*: Vereinigung mit dem Freistaat Bayern auf der Basis des Staatsvertrages vom 14. Februar 1920.

1922 14.–15. *Oktober*: 3. »Deutscher Tag« mit gewaltsamem Auftreten Hitlers und ca. 800 SA-Leuten in Coburg.

1927 25 000 Einwohner.

1929 Deutsche Rosenschau, heute: Rosengarten. – 23. *Juni*: Nationalsozialisten erringen erste parlamentarische Mehrheit in Deutschland im Coburger Stadtrat.

1929–1931	Neubau der Hauptpost in der Hindenburgstraße.
1931	16. *Oktober*: Franz Schwede (1888–1960) wird in Coburg erster NS-Oberbürgermeister in Deutschland.
1932	26. *Februar*: Adolf Hitler wird in Coburg erstmals Ehrenbürger einer deutschen Stadt.
1933	26. *November*: Carl Eduard von Sachsen-Coburg und Gotha wird Ehrenbürger.
1934	30. *April*: Abschaffung des »Mohrenkopf«-Stadtwappens und Einführung des neuen NS-Wappens. – 1. *Juli*: Eingemeindung von Cortendorf, Ketschendorf, Neuses und Wüstenahorn; Anstieg der Einwohnerzahl von 26 103 auf 29 197.
1935	Coburg wird Garnisonsstadt.
1939	32 552 Einwohner.
1941/42	27. *November* 41: Deportation von 26 Coburgern jüdischen Glaubens nach Riga. – 24. *April* 42: Deportation von 5 Coburgern jüdischen Glaubens nach Izbica bei Lublin. – 9. *September* 42: Deportation von 6 Coburgern jüdischen Glaubens nach Theresienstadt.
1945	11. *April*: Besetzung Coburgs durch die US-Armee – 48 484 Einwohner.
1950	45 904 Einwohner.
1951	Gründung der städtischen »Industrie-Förderungs-Gesellschaft«, heute: WiFöG.
1951–1998	Bundesgrenzschutz-Standort Coburg.
1954	Pestalozzischule, Seidmannsdorfer Straße.
1961	50 019 Einwohner.
1962	Neubau Kongresshaus Rosengarten.
1967	Neubau des Staatlichen Polytechnikums, seit 1971: Fachhochschule.
1970	48 969 Einwohner.
1971	Abbruch des Bürglaß-Tores.
1972	1. *Januar*: Eingemeindung von Rögen und Seidmannsdorf – 1. *Juli*: Eingemeindung von Beiersdorf, Creidlitz und Scheuerfeld.
1973	1. *Januar*: Eingemeindung von Lützelbuch.
1976	1. *Juli*: Eingemeindung von Neu- und Neershof.
1977	1. *Januar*: Eingemeindung von Bertelsdorf und Glend.
1986	Einweihung der Innenstadt-Fußgängerzone.
1989	10. *November*: Erster DDR-Pkw nach der Grenzöffnung in Coburg.
2000	42 786 Einwohner.
2005	30. *Mai*: Coburg wird »Europastadt«.

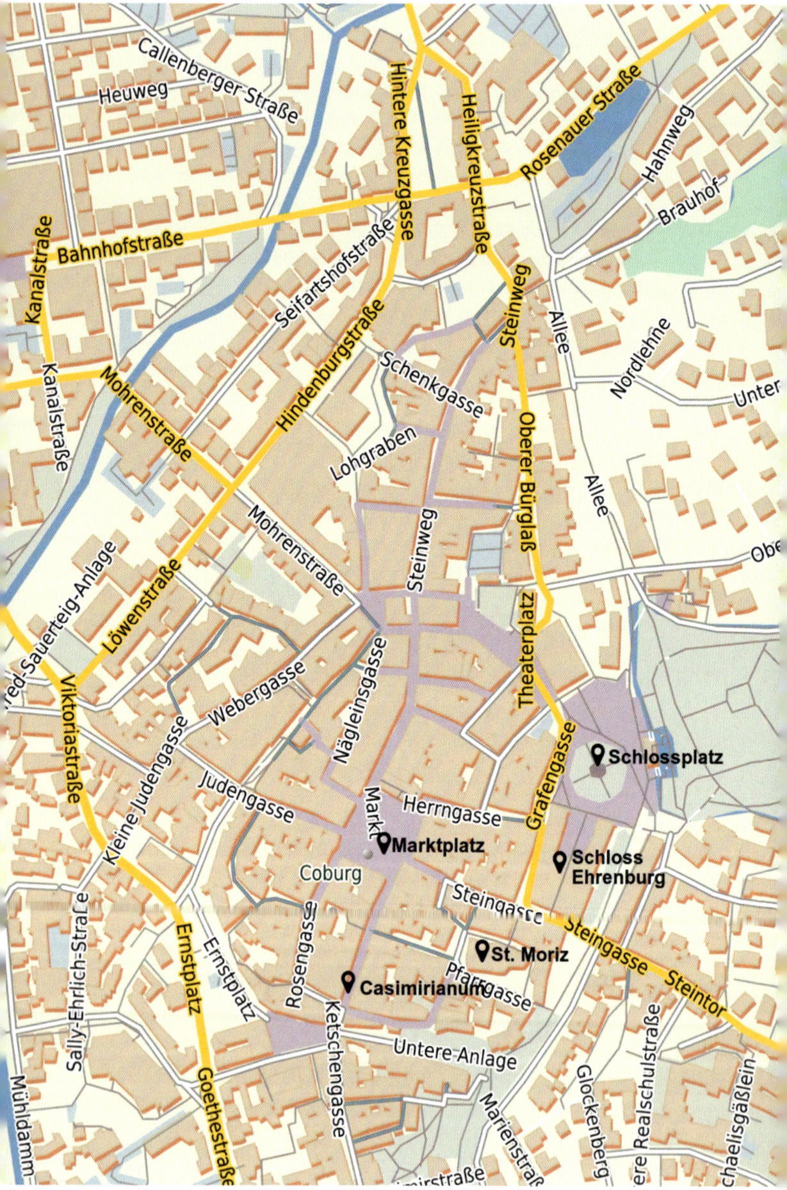
Schlossplatz
Marktplatz
Schloss Ehrenburg
St. Moriz
Casimirianum
Coburg
Callenberger Straße
Heuweg
Hintere Kreuzgasse
Heiligkreuzstraße
Rosenauer Straße
Hahnweg
Brauhof
Kanalstraße
Bahnhofstraße
Seifartshofstraße
Steinweg
Allee
Nordlehne
Hindenburgstraße
Schenkgasse
Mohrenstraße
Lohgraben
Oberer Bürglaß
Steinweg
Mohrenstraße
Löwenstraße
Theaterplatz
Viktoriastraße
Webergasse
Nägleinsgasse
Grafengasse
Kleine Judengasse
Judengasse
Herrngasse
Markt
Steingasse
Steingasse
Steintor
Ernstplatz
Ernstplatz
Rosengasse
Pfarrgasse
Sally-Ehrlich-Straße
Ketschengasse
Untere Anlage
Realschulstraße
Goethestraße
Glockenberg
Marienstraße
Mühldamm

Gustav-Freytag-Weg
Blaue-Kehre
Veste Coburg
Festungsstraße
Weinstraße
Hofgarten
Probstgrund
Elsässer-Straße
Lange Gasse
Lange Gasse
Johann-Strauß-Platz
Pilgramsroth
Danziger-Straße
Eupenstraße

Die Herzöge von Sachsen-Coburg

Johann-Casimir von Sachsen-Coburg(-Eisenach): * 1564, Hz. 1586/ 1596–1633
Johann Ernst v. Sachsen-Eisenach: * 1566, Hz. 1633–1638
Wilhelm von Sachsen-Weimar: * 1598, Hz. 1638–1662 mit
Johann Philipp von Sachsen-Altenburg: * 1597, Hz. 1638–1639
Friedrich Wilhelm II. von Sachsen-Altenburg: * 1603, Hz. 1638/40–1669
Friedrich Wilhelm III. von Sachsen-Altenburg: * 1657, Hz. 1669–1672
Ernst I. von Sachsen-Gotha-Altenburg, der Fromme: *1601, Hz. 1672–1674
Friedrich I. von Sachsen-Gotha-Altenburg: * 1646, Hz. 1674–1680
Albrecht von Sachsen-Coburg: * 1648, Hz. 1680–1699
1699–1735: Erbfolgestreit
Christian Ernst von Sachsen-Coburg-Saalfeld: * 1683, Hz. 1735–1745 mit
Franz Josias von Sachsen-Coburg-Saalfeld: * 1697, Hz. 1735/45–1764
Ernst Friedrich von Sachsen-Coburg-Saalfeld: * 1724, Hz. 1764–1800
Franz Friedrich Anton von Sachsen-Coburg-Saalfeld: * 1750, Hz. 1800–1806
Ernst I. von Sachsen-Coburg-Saalfeld/Sachsen-Coburg und Gotha: * 1784, Hz. 1806/26–1844
Ernst II. von Sachsen-Coburg und Gotha: * 1818, Hz. 1844–1893
Alfred von Sachsen-Coburg und Gotha: * 1844, Hz. 1893–1900
Prinz Ernst zu Hohenlohe-Langenburg: * 1853, Regent für den minderjährigen Nachfolger: 1900–1905, † 1950
Carl Eduard von Sachsen-Coburg und Gotha: * 1884, Hz. (1900) 1905–1918, † 1954

1. Bürgermeister / Oberbürgermeister seit Mitte 19. Jh.

Leopold Oberländer:	1847–1865
Rudolf Muther:	1865–1897
Gustav Hirschfeld:	1897–1924
Erich Unverfähr:	1924–1932
Franz Schwede:	1932–1934
Dr. Otto Schmidt:	1934–1937
Wilhelm Rehlein (kommissarisch):	1937–1938
August Greim:	1938–1945
Alfred Sauerteig (kommissarisch):	1945
Dr. Eugen Bornhauser (kommissarisch):	1945
Ludwig Meyer:	1945–1948
Dr. Walter Langer:	1948–1970
Dr. Wolfgang Stammberger:	1970–1978
Karl-Heinz Höhn:	1978–1990
Norbert Kastner:	1990–2014
Norbert Tessmer:	seit 2014

Internet-Adressen

www.coburg.de
(offizielle Homepage der Stadt Coburg mit weiterführenden Links)

www.landesbibliothek-coburg.de
(Homepage der Landesbibliothek Coburg)

www.museen-in-bayern.de-> museen -> coburg
www.kasdawas.de-> museen -> coburg
(Links zu Museen in Coburg)

www.gda.bayern.de/archive/coburg
(Homepage des Staatsarchivs Coburg)

www.stadt.coburg.de/kultur
(Homepage der Städtische Sammlungen Coburg / Initiative Stadtmuseum Coburg e. V.)

Literatur

Die die Stadtgeschichte Coburgs betreffende Literatur ist zum Teil recht verstreut veröffentlicht. Hier wird eine Auswahl der wesentlichen Titel geboten. Darüber hinaus sei auf die Bayerische Bibliografie (www.bayerische-bibliographie.de) und die älteren, analogen Kataloge der Landesbibliothek Coburg verwiesen. Das seit 1956 erscheinende »Jahrbuch der Coburger Landesstiftung« enthält ebenso wie die »Coburger Geschichtsblätter« und die »Schriftenreihe der Historischen Gesellschaft Coburg e. V.« eine Fülle von stadtgeschichtlich relevanten Titeln, auf die hier summarisch hingewiesen sei.

Aly, Götz: Hitlers Volksstaat: Raub, Rassenkrieg und nationaler Sozialismus, Frankfurt am Main² 2005.

Andrian-Werburg, Klaus v.: Das älteste Coburger Stadtbuch 1388–1453 (Veröffentlichungen der Gesellschaft für fränkische Geschichte, Reihe X, Bd. 9, = StadtA CO B 108), Neustadt/Aisch 1977. – Ders.: Das Totenbuch des Franziskanerklosters in Coburg (Veröffentlichungen der Gesellschaft für fränkische Geschichte, IV. Reihe, Nr. 10), Neustadt/Aisch 1990.

Axmann, Rainer: Aus der Geschichte der Coburger Bäckerinnung, Ms., Coburg 1982.

Bachmann, Harald: Herzog Ernst I. und der Coburger Landtag 1821–1844, Coburg 1973.

Beyersdorf, Peter: Militärregierung und Selbstverwaltung, Diss., Erlangen 1966.

Coburg in Bayern, Coburg 1950.

Coburger Schützenscheiben, hg. v. Initiative Stadtmuseum Coburg e. V. und Schützengesellschaft Coburg 1354 e. V., Coburg 1999.

Dietze, Walter: Die Wirkungen des 30jährigen Krieges in der Pflege Coburg (Coburger Heimatkunde und Heimatgeschichte, T. 2, H. 18), Coburg 1941.

Dreesen, Josef/Schnur, Gerhard: Luise 1800–1831, Herzogin von Sachsen-Coburg-Saalfeld: Ein Porträt, St. Wendel 2006.

Erdmann, Jürgen: Coburg, Bayern und das Reich 1918 – 1923, Coburg 1969.

Evangelisch-Lutherische Kirchengemeinde Heilig Kreuz (Hg.): Heilig Kreuz in Coburg, Coburg 2002.

Falkenberg, Jörg/Dlouhy, Richard (Hg.): Die Wirtschaft im Coburger Grenzland, Kulmbach 1982.

Finzel, Frank/Reinhart, Michael: Spuren: 175 Jahre Sparkasse Coburg, Stuttgart 1996.

Frey, Edmund/Heinritz, Reinhard/Initiative Stadtmuseum Coburg e. V. (Hg.): Coburg aus dem »Tintenfass«: Literarische Streifzüge durch vier Jahrhunderte, Bucha b. Jena 2006.

Fromm, Hubert: Die Eingliederung der Heimatvertriebenen im Coburger Raum, Ms., Coburg 1986. – Ders.: Die Coburger Juden, Coburg² 2001.

Grasser, Walter: Münz- und Geldgeschichte von Coburg 1265–1923, Frankfurt am Main 1979.

Gruner, Johann Gerhard: Historisch-statistische Beschreibung des Fürstenthums Coburg, S. Saalfeldischen Antheils, 4 Teile, Coburg 1784–1793.

Habel, Hubertus: Mahlzeit: Speisen und Esskultur im spätmittelalterlichen Coburg (Coburger Stadtgeschichte, Bd. 1) Coburg 2003. – Ders.: Die lange »Stunde Null«: Coburg zwischen amerikanischer Besetzung und Entnazifizierung (Coburger Stadtgeschichte, Bd. 3) Coburg 2005. – Ders.: STADT MACHT GESCHICHTE: Hundert Jahre Städtisches Museum in Coburg (Coburger Stadtgeschichte, Bd.4), Coburg 2005. – Ders.: Coburg 1907: Leben in der Residenzstadt vor hundert Jahren (Coburger Stadtgeschichte, Bd. 7), Coburg 2007. – Ders.: Im Zeichen von Veste & »Mohr«: Städtische Symbole und Geschichtskultur am Beispiel Coburgs, Dissertation am Lehrstuhl für Europäische Ethnologie der Univ. Marburg, Ms., Coburg 2007.

Habel, Hubertus/Initiative Stadtmuseum Coburg e. V. (Hg.): »Voraus zur Unzeit«: Coburg und der Aufstieg des Nationalsozialismus in Deutschland (Coburger Stadtgeschichte, Bd. 2), Coburg 2004.

Habel, Hubertus/Nöth, Stefan: Veste & »Mohr«: Städtische Symbole und Geschichtskultur in Coburg (Coburger Stadtgeschichte, Bd. 5), Coburg 2006.

Hambrecht, Rainer: »Nicht durch Krieg, Kauf oder Erbschaft« (Ausstellungskataloge der Staatlichen Archive Bayerns, Nr. 34), München 1995. – Ders.: Der Aufstieg der NSDAP in Mittel- und Oberfranken (1925–1933) (Schriftenreihe des Stadtarchivs Nürnberg, Bd. 17), Nürnberg 1976. – Johann Matthäus Meyfart (1590–1642), sein Traktat gegen die Hexenprozesse und der Fall der Margareta Ramold, in: Gockel, Michael/Wahl, Volker (Hg.): Thüringische Forschungen, Weimar/Köln/Wien 1983, S. 157–179.

Haus der Bayerischen Geschichte (Hg.): Ein Herzogtum und viele Kronen, Katalog und Aufsatzband (Veröffentlichungen zur Bayerischen Geschichte und Kultur, Nr. 35-36/97), Augsburg 1997.

Hayward, Nicolas F./Morris, Dave S.: The first Nazi Town, Avebury 1988.

Hochschild, Adam: Schatten über dem Kongo: Die Geschichte eines der großen, fast vergessenen Menschheitsverbrechen, Stuttgart 2000.

Hönn, Georg Paul: Sachsen-Coburgische Historia, [Frankfurt/M./Leipzig 1700], 2 Bde., Neustadt/Aisch[2] 1986.

Hucker, Bernd Ulrich: Mauritius als Patron der Andechs-Meranier, in: Die Andechs-Meranier in Franken, Mainz 1998, S. 81-92.

Kozinowski, Otto/Otto, Jürgen/Ruß, Hubert: Die Münzen des Fürsten- und Herzogtums Coburg 1577 bis 1918, 2 Bde., München 2005.

Krieg, Thilo: Das geehrte und gelehrte Coburg (Coburger Heimatkunde und Heimatgeschichte, 2. T., H. 5, 1-3), Coburg 1927.

Kruse, Friederike: Schloß Reinhardsbrunn bei Gotha (Studien zur thüringischen Kunstgeschichte, Bd. 3), Rudolstadt/Jena 2003.

Lehfeldt, P./Voss, G.: Landrathsamt Coburg. Amtsgerichtsbezirk Coburg. (Die Stadt Coburg. Landorte des Amtsgerichtsbezirks Coburg) (Bau- und Kunstdenkmäler Thüringens, H. 32), Jena 1906.

Mensing, Björn: Pfarrer und Nationalsozialismus, Bayreuth[3] 2001.

Morsbach, Peter/Titz, Otto: Stadt Coburg (Denkmaltopographie der Bundesrepublik Deutschland, Denkmäler in Bayern, Bd. IV/48), München 2006.

Muth, Walter (Hg.): Die Wirtschaft im Coburger Land, Coburg 1952.

Nicklas, Thomas: Das Haus Sachsen-Coburg: Europas späte Dynastie, Stuttgart 2003.

Nöth, Stefan (Hg.): Coburg 1056-2006: Ein Streifzug durch die Geschichte von Stadt und Land, Coburg 2006. – Ders.: Coburg, in: Paravicini, Werner (Hg.): Höfe und Residenzen im spätmittelalterlichen Reich (Residenzforschung, Bd. 15. I, Teilbd. Residenzen, 1: Dynastien und Höfe), Ostfildern 2003, S. 115–117.

Oelenheinz, Leopold: Geschichte der echten Lutherstuben auf der Veste Coburg, Coburg [1929].

Pellender, Heinz: Chronik der Stadt und der Veste Coburg, Coburg[8] 1997.

Regele, Günter/Wolters, Stefan: Neue Erkenntnisse zur frühen Geschichte Coburgs, in: Das archäologische Jahr in Bayern 2001, S. 138 f.

Reißig, Walter: »Sechstausend Kandel…«: Coburger Zinngießer und ihre Familien, Coburg 1990.
ReVe Büro für Archäologie: Bericht über die archäologischen Untersuchungen um die Kirche St. Moriz in Coburg [2001], Ms., Bamberg 2001.
Sandner, Harald: Coburg im 20. Jahrhundert, Coburg 2000.
Sauerteig, Alfred: Coburger Zeitungsgeschichte, Coburg 1949.
Scheurmann, Konrad/Frank, Jörg (Hg.): Neu entdeckt: Thüringen – Land der Residenzen, Katalog, Essays, Mainz 2004.
Schilling, Friedrich (Hg.): Coburg mitten im Reich: Festgabe zum 900. Gedenkjahr der ersten Erwähnung der Ur-Coburg und ihres Umlandes, 2 Bde., Kallmünz 1956/1961.
Schmehle, Günther: Coburg und die deutsche Arbeiterbewegung, Bamberg 1980.
Schneier, Walter: Coburg im Spiegel der Geschichte, Coburg^2 1986.
Schultes, Adolf von: Coburgische Landesgeschichte des Mittel-Alters mit einem Urkundenbuch, Coburg 1814.
Stadt Coburg, Hochbauamt (Hg.): Grabungsmuseum Kirchhof, Coburg 1995.
Talatzko, Helmut: Morizkirche und Propstei in Coburg (Einzelarbeiten aus der Kirchengeschichte Bayerns, Bd. 2), Nürnberg 1971.
Weschenfelder, Klaus: Veste Coburg: Geschichte und Gestalt, Heidelberg 2005.
Wifög: Chronik der Wirtschaftsförderungsgesellschaft der Stadt Coburg mbH, Ms., Coburg 2001.

Register

Ortsregister allgemein

Ortsregister (Coburg)

Personenregister

Bildnachweis

akg-images: 136/137
Architektur-Bildarchiv: 41
Forschungsbibliothek Gotha: 66 (Chart. A579)
Friedensmuseum in Meeder: 107
Germanisches Nationalmuseum Nürnberg: 56
Hubertus Habel: 13, 37, 60, 61, 77, 133, 135
HUK Coburg: 131
Kunstsammlung der Veste Coburg: 53, 62, 64/65
Landesbibliothek Coburg: 24 (Ms Cas 11 216r),71 (Q IV 11/16)
nach Heinz Pellender, Chronik der Stadt und der Veste Coburg der Herren und Herrscher über Coburg und das Coburger Land, 1984: 25
Sammlung G. Eckerlein: 112
Staatsarchiv Coburg: 39 (StACo, Bildsammlung 2348), 49 (StACo, LReg 7845), 96 (StACo, Bildsammlung 87)
Stadtarchiv Coburg: 8, 32, 127
Foto Hubertus Habel: 16, 21, 59, 78, 81, 84, 87, 89, 92, 95, 103, 109, 117, 118, 123
Ansichtskartensammlung Herold: 55, 105
Stepmap: 144/145 (02 May 2019 © Stepmap, 123map • Daten: OpenStreetMap, Lizenz oDbL 1.0)
https://commons.wikimedia.org: 42